「判断力」を強くする

正しく判断するための14の指針

藤沢晃治　著

ブルーバックス

●カバー装幀／芦澤泰偉・児崎雅淑
●カバーイラスト／ネモト円筆
●本文イラスト／さくら工芸社・岩島雅樹
●本文・扉・もくじ構成／さくら工芸社

はじめに

人生はこの世に生まれ出てから、やがてたどり着く最後の宿（墓）まで歩き続ける「旅」だと言ってもよいでしょう。

その旅路にはいくつもの分かれ道があります。中でも大きな分かれ道は、進学、就職、結婚などでしょう。それぞれの分かれ道の先には、さらに、どのような資格をとるか？　今の仕事を辞めて転職するか？　子どもを持つべきか？　家を建てるか？　――など判断が必要な分かれ道が次から次へと現れます。まさに人生は判断の連続です。

こうした分かれ道ごとに「どの道を行くか？」という判断を繰り返した果てに、今、私はここに、あなたはそこにいるのです。でも、そこは本当にあなたが目指していた場所だったのでしょうか？

「はい、私が来たかったのは、まさにこの場所です」と言える幸せな人もいるでしょう。しかし、むしろ「いいえ、私が来たかったのはここではありません！」と嘆く人のほうが多いのではないでしょうか。

もしもあなたが、必ずしも来たかった場所ではないところに来てしまっているとしたら、それはなぜでしょうか？　それは、人生のどこかの重大岐路で、行くべき道の判断を間違えたからでしょう。

かくいう私も、人生のすべての分かれ道で正しく判断してきたならば、今頃は地中海に面した南フランスに豪邸を持っていたでしょう。毎日、豪華クルーザーに乗って高級シャンパンのグラスを傾けながら遊び暮らしていたはずです。しかし現実には、数々の判断ミスを重ね、セレブな生活とはほど遠い日々を送っています。

たしかに、振り返れば「なぜ、あの道を選んでしまったのか！」と悔やまれる判断ミスがたくさん思い浮かびます。そうした過去の判断ミスから何らかの教訓を学び取りたいものです。そうすることで、これからはできるだけ正しい判断を下し、よりよい人生を歩みたい。——それが本書執筆の動機でした。

まず、私自身の判断ミスを始め、さらに見聞きした他の人の判断ミスの原因も分析してみました。すると、判断ミスに共通する要素がいくつかあることが分かってきたのです。さらに、それらをもとに判断ミスを避けるための指針にまとめてみました。また、多くの判断に使える「判断チャート」というツールも提案しました。そして最後に、判断を迫られる場面で役立つチェックリストも作りました。

もちろん人生は、「大きな判断」だけではなく、日々の仕事上での意思決定など、「小さな判断」の連続でもあります。

明日は雪になりそうだから、明朝の打ち合わせは延期するべきか？　何時何分発の電車に乗れば約束時間に間に合うか？　不登校になりかけている子どもにどう接するか？　不機嫌な妻（または夫）にどう対処したらよいか？　――じつはこうした判断にも、本書で提案する「判断チャート」の考え方や、チェックリストが役に立つはずです。

本書は、私自身が過去に犯してきた数々の判断ミスから得られた教訓を凝縮させた、いわば「反省の結晶」です。塩の結晶のように適量を振りかけていただければ、皆様の人生という料理をより美味しくしてくれるはずです。

本書は南フランスに豪邸を持つための参考にはならないかもしれませんが、読者の皆様が判断ミスを避ける上で、何かしらの参考になるはずです。そして、これから出会うことになるさまざまな「分かれ道」で、よりよい判断を下し、さらに幸せな人生を歩んでいただければと思います。

二〇一二年五月

藤沢晃治

「判断力」を強くする――もくじ

はじめに　3

第1章　あなたはなぜ判断を誤るのか　13

私たちは常に判断を迫られている　14／判断ミスの共通原因　15／狭い範囲で考えている　18／選択肢を絞り込めない　19／先読みができない　21／思い込みをしている　23／目先のことに囚われる　25／優先順位を間違える　27／選択肢のデメリット面を見落とす　29／確率の小さな危険を過剰に恐れる　30／小さな確率に備えない　32／臨機応変な判断ができない　33／因果関係を間違える　37／単純化しすぎる　39／過去の経験に囚われる　42／他人の考えに流される　44／「疑う力」が不足している　46／冷静さを失っている　47

第2章　「判断」とは何か　51

「判断する」と「思う」の違い　52

なぜ判断は割れるのか？ 55
「最善」とは何か？ 55
「判断」の本質とは 57
人の判断はそれぞれ 61
軽い判断、重い判断 63
脳の省力化メカニズム 65

第3章 正しい判断のための14の指針 67

指針1 選択肢は多めに挙げよ！ 69
薬物依存？ 69
三つの選択肢 71

指針2 ムダな選択肢は刈り込め！ 73
プロ棋士の神業 73
どう刈り込むか 75
なぜ検討不要なのか 78

候補物件の絞り込み 80
なぜ「直感」が必要なのか 82

指針3 最悪のケースも忘れるな！ 84

逃げる？ 逃げない？ 84
逃げないのが正しい理由 86
「最善」の選び方 89
「判断の積み重ね」の結果 92

指針4 因果関係を間違えるな！ 94

柳の下にドジョウがいるか？ 94
原因と結果の結びつけ方 95

指針5 何がもっとも緊急かを考えよ！ 98

行列とマフラー 98
近視眼的な判断 100

指針6 自分の「思い込み」を疑え！ 102
脳のいい加減な認知 102
脳の省力化メカニズム 103
省力化メカニズムのデメリット 105
「仮説」をチェックする 107
冤罪を教訓に 107

指針7 情報の信憑性を疑え！ 109
誤解を生む悪玉単純化 109
警戒心という本能 113

指針8 メリットとデメリットを天秤にかけよ！ 114
情報隠蔽体質と日本文化 114
車内アナウンスが伝えなかったこと 116
車掌さんの誤った気配り 118

指針9　生命の安全を最優先せよ！　120
楽観主義の友人　120
ドタキャンの代償　122
判断の評価　123

指針10　「交通事故の確率」は無視せよ！　126
ありうる最悪のケース　126
九〇〇〇万人に一人なら？　127
悲観主義者の悩み　130
優柔不断の回避策　131
もう一つの優柔不断　133

指針11　小さな確率に備えよ！　135
万一に備えよ　135
周到な手配　136

フェイルセーフ 138

指針12 臨機応変に判断せよ！ 141
マニュアルを超越した「正しい判断」 141
マニュアルのルールは「中間目標」 142

指針13 他人の価値観に流されるな！ 145
助言の功罪 145
「共有する価値観」という洗脳 146
異なる価値観 148

指針14 遠い昔の判断ミスを気にするな！ 151
過去の判断は簡単に「評価」できない 151
「点の評価」でなく「線の評価」を 153

第4章 「判断チャート」で考えよう 159

判断チャートの活用 160
三つの分岐点から選ぶ 161
判断チャート作りのルール 162
チャート作りの実際 164

付録 正しい判断のためのチェックリスト 171

第1章

あなたはなぜ判断を誤るのか

私たちは常に判断を迫られている

こんな経験はありませんか。

行楽地からの車での帰路、高速道路が大渋滞でほとんど走りません。ブレーキの赤ランプが高速道路の先々まで、ずっと一直線に埋め尽くしています。そんなとき、車の同乗者の一人がトイレに行きたいと言い出しました。次のパーキング・エリアはそれほど遠くないのですが、それでも、こんなノロノロなら、ひょっとして、そのパーキング・エリアまで、あと三〇分くらいはかかるかもしれません。でも、高速の渋滞が解消すれば、あるいは、逆に五分くらいで着けるかもしれません。

と思っていたら、高速出口のインターチェンジが近づいてきました。このノロノロでも五分くらいでそのインターチェンジには着けるでしょう。一般道の渋滞がなければ、すぐにコンビニやガソリン・スタンドでも見つけて、トイレを借りるという選択肢もあります。でも、連休最終日の今日、一般道路が渋滞していないという保証はありません。また、コンビニやガソリン・スタンドがすぐに見つかるという保証もありません。それでは、高速の渋滞が解消する可能性に賭け、次のインターチェンジで降りることは見送り、高速内の次のパーキング・エリアまで待つほうがいいのでしょうか。

しかし、高速の渋滞がすぐに解消する保証もありません。もし、次のインターチェンジを見送れば、次のトイレはだいぶ先のパーキング・エリアにしかありません。どうする、どうする？　高速を降りるか、高速を走り続けるか、インターチェンジに着くまでの五分以内くらいに判断しなければなりません。

人生の大きな分岐点ではなくとも、私たちは毎日、このような判断に迫られながら生活しています。そして毎日、大小さまざまな判断ミスを犯してしまいます。

判断ミスの共通原因

「はじめに」で書いたように、本書は私の過去の判断ミスを集大成した結晶です。若くて凡才だった私が過去に多くの判断ミスを重ねてきたことは、しかたありません。しかし、せめてこれからの人生、できるだけ間違った判断はしたくありません。そのためにはどうすべきなのでしょうか？

まず、過去の判断ミスから、何かしらを学び取るべきではないかと思うのです。あの時、あの場面でなぜ判断ミスをしたのか。その原因を見つけ、分類することで、何か法則のようなものが見えてくるのではないでしょうか。きっとそれが、将来、重要な判断を迫られたときに役立つはずです。

判断ミスの原因は、ざっと考えてみただけでも次のようなものが思い当たります。一部重なっていたり、お互いが因果関係どうしの原因もあります。また、判断ミスを犯す人のタイプがいろいろなので、お互いにまったく逆の原因も含まれています。とにかく、ブレインストーミング風に、思いつくだけすべて洗いざらい書いてみました。

判断ミスを起こす原因

★原因1　狭い範囲で考えている
★原因2　選択肢を絞り込めない
★原因3　先読みができない
★原因4　思い込みをしている
★原因5　目先のことに囚われる
★原因6　優先順位を間違える
★原因7　選択肢のデメリット面を見落とす

★原因8　確率の小さな危険を過剰に恐れる
★原因9　小さな確率に備えない
★原因10　臨機応変な判断ができない
★原因11　因果関係を間違える
★原因12　単純化しすぎる
★原因13　過去の経験に囚われる
★原因14　他人の考えに流される
★原因15　「疑う力」が不足している
★原因16　冷静さを失っている

以下、手短に説明してみましょう。

★原因1　狭い範囲で考えている

判断を間違えるいちばん代表的な原因は、「近視眼」ではないでしょうか。現状に関して全体像が見えず、狭い範囲だけで物を見て判断することです。「木を見て、森を見ず」型の判断ミスです。狭い範囲で考えているので、本当はいろいろある選択肢の中で、限られた選択肢だけしか見ていないことがあります。つまり、価値ある他の選択肢の存在に気づけないのです。

たとえば、長年、農業生活に憧れていた人が、今の会社員生活をやめて、ある県が募集を開始した農家移住支援制度に応募するかどうか迷っています。来年中学に進学する息子もいるし、まったく未知な世界に踏み出すには決断がつきません。経済的に安定している今の勤務を継続するか、それとも、長年の夢を実現するべく未知の世界に飛び出すか。この二つの選択肢の中で毎日、思い悩んでいたとします。どっちにも決断がつかず、仕事にも集中できない日々が続いていました。

しかし、そんなとき、知人の勧めで読んだ農業生活の専門雑誌を開いてみたら、その農家移住支援制度を実施している県で二週間の農業生活体験制度というものがあることを知りました。まさに、天から降りてきた第三の選択肢のようなものでした。しかも、家族全員での参加も可能とのこと。これなら、現在の勤務を継続しながら、今度の夏休みを利用して、家族ぐるみで体験で

きそうです。退職して、本格的に農業生活を始めるか、今の勤務を継続するかは、その二週間の農業体験のあと、家族全員で判断すればよいことです。現時点で進むべき道としては、ベストの選択肢が見つかったわけです。

この事例のように、自分が勝手に限定していた最初の選択肢の中でなかなか判断がつかない、ということはよくあることです。価値ある選択肢を見落とすケースです。予想もしていなかったまったく違う別の選択肢の中に進むべき道があったりします。

★原因2　選択肢を絞り込めない

新しいレストランでメニューを眺めているうち

に、あれやこれやと迷って、なかなか注文を決められないことがあります。メニューの品数が多すぎて、何を食べたいのか、頭の整理ができなくなっているのです。
判断する際には、まず「鳥の目」で幅広く見渡し、できるだけ選択肢の見落としがないようにすべきです。しかし、だからといって視野に入った選択肢のすべてをていねいに検討していては、時間がいくらあっても足りません。
そもそも深く検討する価値がない選択肢もあります。そうした選択肢は、できるだけ早く切り捨てることです。そうすることで限られた時間内に効率的に思考でき、判断ミスを避けることができます。本書では選択肢を絞り込むその働きを「単純化」と呼びます。ただし単純化にも二つあります。

コレステロールに「悪玉コレステロール」と「善玉コレステロール」があるように、脳が行う「単純化」にも悪玉と善玉があります。できるだけ早く不要な選択肢を切り捨て、必要な選択肢だけに絞り込むことを本書では「善玉単純化」と呼びましょう。これがうまくできない人が、選択肢の多さに混乱して判断ミスをしてしまうのです。「悪玉単純化」に関しては、109ページで解説します。

★原因3　先読みができない

先ほど紹介した「選択肢の見落とし」は、いわば「横方向の見落とし」です。しかし見落としにはもう一つあります。「縦方向の見落とし」、つまり「時間方向の見落とし」です。「こうしたら、こうなるはずだ」という「先読み力」の不足です。ある行動を選んだ場合、その先がどうなるのかが読めなければ、正しい判断ができないのは当然です。

マンション住まいの友人が、輪番で今年の自治管理組合の理事会メンバーになってしまったと嘆いていました。最初の理事会では、節電のため、マンション共用部分の白熱電球を、すべて最新のLED電球に交換する案が出たそうです。そこで友人は勤務先の関連会社に費用の見積もりをさせたそうです。

LED電球は白熱電球に比べて、まだまだ高価な電球です。さらに白熱電球からLED電球への交換は、電球だけではなく取り付け器具も交換が必要です。この分野に詳しい友人は、そのことは知っていましたが、見積もり依頼の手順に関しては、あまり深く考えていませんでした。

後日の住民総会で交換費用見積もり額を報告したところ、「そのような高額な見積もりになるのでしたら、他の業者からの見積もりも取ったのですか？　どういう基準でこの業者を選んだのですか？」と住民から突っ込まれてしまいました。理事会メンバーは、彼も含めてしどろもどろの回答だったそうです。

高額な見積もりに対して、住民が疑問をもつのは当然です。私の友人は、費用がかかることを予測できました。それなのに、友人は住民総会での反応を先読みせず、他の業者の見積もりを取らなかったのです。友人が先読みできていれば、複数の業者に見積もり依頼をしていたでしょう。

このように、ほんのちょっとの先読みができたかどうかで、判断結果が大きく変わってしまうことはよくあります。

「先読み」と聞けば、すぐに将棋や碁のようなゲームが思い浮かびます。この一手が、その先どのような展開につながっていくのかを先読みする力が勝負を決めます。

もちろん私たちも、日々の生活の中で、ある行動がどんな結果につながるのか、いつも先読みしているはずです。たとえば「開発完了まで、予定より遅れそう」だと先読みして、上司にその旨を事前に知らせたり、「試験でこんな問題が出そうだ」とヤマをかけて勉強したりします。

こうした先読みができていないと、上司に叱られたり、見当外れの勉強をしたりという失敗が多くなります。

★原因４　思い込みをしている

たとえば、最近、恋人からのメールが少なくなってきた。返信も遅くなってきた。――こんなとき、「あの人の気持ちが自分から離れている」と思い込み、その解釈で対応しているうちに、恋人との関係が本当にこじれたりします。

恋人のメールの応答が悪くなってきたのには、まったく別の理由があるのかもしれません。ひょっとしたら勤務先のオフィスで、ビル内での引っ越しがあり、引っ越し先のオフィスの電波受信状態が悪くなっただけなのかもしれません。

このように、いろいろな可能性を考えず、勝手にたった一つの可能性に決めつける「思い込み」の判断ミスもよくあります。自分の判断に対する過信状態です。
「思い込み」に陥る理由は次の二つでしょう。
一つ目は、選択肢を早々に一つに絞り込んでしまう結果です。即断即決も、いちがいに悪いとは言えません。しかし即断即決しがちな人は、その判断が誤っている場合も、なかなかその間違いに気づけない傾向があります。
二つ目は、少ない判断材料で因果関係を断定した場合です。つまり、そもそも他の選択肢をまったく見ていない状態です。顔つきが怪しい、アリバイがない、動機があるというだけで、犯人だと決めつけてしまうような判断ミスです。凄腕の刑事なら「証拠が不足している」という自覚を持ち、さらなる証拠を求めて捜査を続けるでしょう。ところが、私たちの日常生活では、可能性が他にもいろいろあることを自覚さえできずに自分の判断を過信してしまうことがよくあります。

★原因5　目先のことに囚われる

そもそも何のために「判断」しているかと言えば、自分が希望する目的地に、より早く到達したいからです。

「行列ができるような繁盛店にしたい」、「志望校に入学したい」、「他人から尊敬されたい」、「異性にもてたい」、「英語ペラペラになりたい」といった大きな目標から、「あの映画を早く見たい」、「テレビを買い替えたい」といった小さな目標まで、私たちは大小さまざまな目標を持って生活しています。「判断」とは、分かれ道で、自分が希望するそうした目標へのいちばんの近道を選ぶことなのです。

ところが、最終目的地は遠くに霞《かす》んでしか見えないことがあります。そのため、分かれ道では、細い道より広い道とか、きつい坂より緩やかな坂というように、目先の状況をもとに選んでしまうことはありませんか？

あなたは、長年、海外出張を夢見てきました。しかし海外出張するのに必要な英語力が、まだ社内規程の基準に達していません。そこで、この半年間は猛勉強してきました。来月早々、その英語資格の社内試験があるので、最近はとくに力を入れていました。

そんな折に職場仲間での韓国旅行に誘われました。金曜と月曜だけ休暇を取っての三泊四日のミニ海外旅行です。

来月の英語試験に備えるためには、断るべきかもしれません。つきあえば、もちろん勉強時間がそれだけ削られてしまいます。旅行中の四日分だけではなく、旅行の準備にもあれやこれやと時間を失うでしょう。

一方で、参加したい気持ちもありました。仲間とのつきあいは大切です。じつは憧れている女性も参加メンバーの一人なので、「もしかして、親しくなれるチャンスかも！」という期待もなくはありません。勉強疲れを癒やせて、かえって勉強がはかどるかもしれません。行き先が韓国でも、いちおう海外旅行なので、英語を使ってみるチャンスもあるはずです。

——結局、あなたは、迷う自分をこんなふうに説得して韓国旅行に参加してしまいました。

しかし残念ながら翌月のテストの成績は、社の海外出張基準には届きませんでした。そして旅

行を通じて、彼女とはとくに親密になることもありませんでした。

もちろん、韓国旅行が原因だったとは限りません。しかし旅行に参加したことは、悔いの残る判断になってしまいました。

このように、大きな最終目標よりも、目先の小さなことに囚われて判断を誤ることはよくあります。

★原因6　優先順位を間違える

曲芸の「皿回し」で、同時にたくさんの皿を回す芸があります。このとき、目の前の皿だけに注目していたら、回転が弱くなりつつある、遠くの別の皿に気づけず落としてしまいます。

この芸では、いつも全体の皿の状態に目配りすることが大切です。回転が遅くなって落ちそうな「緊急度の高い皿」の回転を回復させる必要があります。

皿回しをしている様子は、家庭や職場での私たちの姿そのものです。仕事、恋愛、家庭、趣味、友人関係など多くの問題を同時に抱え込んでいます。さらに、たとえば仕事一つを取ってみても、やはり同時にたくさんのことに責任を持ち、処理を任されているのが普通です。

それらにバランスよく目配りしながらこなしていないと、「私と仕事と、どっちが大切なの！」と責められたりします。

お化粧に手間取って電車に乗り遅れ、大事な会合に遅刻したことはありませんか？　クレーム処理が遅れて、問題をこじらせてしまったことはありませんか？

さて、これらは、いわば「締めきり時間の優先順位」の問題です。しかし、もう一つ「重要度の優先順位」もあります。小さなことにこだわって、大きなものを見逃してしまう判断ミスです。

たとえば上司から、米国向け輸出量の変化をまとめた資料を、急いで作るように命じられました。あなたは、できるだけ正確で詳細なデータを揃えようと努力するでしょう。

しかし、そうこうしているうちに、指示した上司が苛立《いらだ》ってきました。じつは、上司は大雑把なデータでよいから、できるだけ早く知りたかっただけなのです。

正確・詳細なデータ集めにこだわりすぎてしまったのは失敗でした。上司が「正確さ」と「早さ」のどちらのほうをより重要視しているのかを考えなかったあなたの判断ミスです。

★原因7　選択肢のデメリット面を見落とす

分かれ道でどちらに行くかを判断したとき、たいていは、「この道なら景色がよさそう」とか「近道だから」とか、プラス面を思いつきます。一方、その道を行くことのマイナス面は、なぜか忘れがちです。

とくに、よかれと思ってやっていることには、そのマイナス面に思い至らないことが多いようです。大震災などの被災地へ善意で古着を送ることがあります。「着るものに困っているだろうから、古着だけど送ってあげよう」というわけです。しかし考えることは誰しも同じで、被災地では全国から寄せられる古着で満杯になり、管理や保管に困る状況になったりします。そういうデメリットにはあまり思い至らないものです。

それは他人に対する働きかけに限ったことではありません。

たとえば、ダイエットのため、カロリーを気にして、できるだけ食べないように心がける人はたくさんいます。しかし、何事も「過ぎたるは及ばざるがごとし」です。必要以上にカロリー摂取を減らせば、「筋肉痩せ」というマイナス面が出てきます。

痩せることは、ダイエット目的からすればメリットのように思えるでしょう。しかし筋肉が痩せることは、「カロリー燃焼工場」が少なくなることを意味します。カロリーを燃焼しなくなるのですから、脂肪が溜まりやすい体質になってしまいます。つまり、過度のダイエットで筋肉が痩せるということは、逆に太りやすくなるというデメリットがあるのです。

このように、自分が選ぼうとしている選択肢が持つメリット面だけに目を向け、デメリット面を忘れている判断ミスはあちこちで見かけます。

★原因8 確率の小さな危険を過剰に恐れる

東日本大震災以後、「最悪の事態を想定し、それに備える」ことが求められています。たとえば一〇〇〇年に一度の巨大津波に備えよとか、すべての原発の安全性を再点検せよ、といった議論が巻き起こっています。このことは公的な防災対策としてはまったく正しいことです。

私たちも常日頃から「最悪の事態」に備えなければならないのは当然です。ただし、私たちの日常生活での判断では、「最悪」とはどの程度のレベルまでなのでしょうか？　やはり一〇〇〇年に一度のことまで考慮しなければならないのでしょうか？

結論から先に言えば、日常生活の判断では、「最悪」とは「ある確率以上の中で」という条件付きになります。

私たちの日常生活では「可能性はあるが確率が極めて小さいこと」は、考慮しないのが普通です。たとえば通勤途中で交通事故に遭うことなどは想定から除外します。絶対に交通事故に遭わないために、外出を控えよう、などとは考えません。

起こる可能性が「ある確率」以下の場合は無視し、その確率以上なら検討対象とする、と私たちは無意識のうちに「線引き」しています。その線引きの基準となる確率を、本書では「境界確率」と呼ぶことにします。

では、境界確率はどの程度に設定するのが正しいのでしょうか？　東日本大震災以降、防災対策などの公的危機管理では、当然、ずっと小さく設定し直されるはずです。大変よいことです。しかし、私たち一人ひとりの日常生活では、この境界確率をあまりに小さく設定すると、身動きできなくなってしまいます。

たとえば自宅を新築するため住宅ローンを組もうとします。このとき、もしも勤務先の会社が倒産して収入がなくなったら？　自分はもとより、家族が大病したら？　新築直後に地震で倒壊したら？　——など、たくさんの心配な事態が想定できます。もちろん、その備えはある程度必要ですが、すべての状況で文字通り最悪を想定していたら、とてもローンなどを組む気持ちにはなれません。

このような過剰な心配性で萎縮してしまい、結局、何もできなくなってしまうというのも、ある意味では「判断ミス」でしょう。

じつは私もどちらかと言えば心配性タイプで、このような判断ミスをよく犯します。ですからここでは自戒の念も込めて書いています。

★原因9　小さな確率に備えない

ただし世の中には、過剰な心配性とはまったく逆のタイプの人のほうが多いでしょう。

たとえば、人と待ち合わせをしたとき、決められた場所へ待ち合わせ時刻ちょうどに到着しようと行動する人が多いようです。そういう人は、待ち合わせ場所までの所要時間から逆算して、出発時刻を決めます。

一〇〇回のうち九九回はそれで問題ないでしょう。しかし、たとえば一％くらいの確率で電車の運行が乱れたりすることもあるはずです。そうした小さな確率に備えない人は、「そんな場合は、遅刻しても、事情を話せば許してもらえる」という甘い考えなのでしょうか。

プロの講師でもある私は、料金をいただく講演や研修に遅刻することなど、絶対に許されません。「電車の事故がありまして……」などの言い訳はできないのです。仮に私が遅刻してそんな言い訳をしても、講演の依頼者であるお客様は、表面上の笑顔は崩さないでしょう。しかし、内心は「そんなことくらい想定して、早めに家を出ておけよ！」と思われるのがオチでしょう。

パソコンのハード・ディスクも壊れるかもしれません。今では滅多に起こりませんが、確率ゼロではありません。しかし、その小さな確率に備えず、重要な資料がすべて消失し、壊滅的な被害を経験したことはないでしょうか？　これも、小さな確率に備えていなかった判断ミスと言えるでしょう。

★原因10　臨機応変な判断ができない

臨機応変とは「その場の変化に応じて最善の行動をとる」という意味です。つまり、マニュア

ル的な対応ではなく、目の前の変化に応じて対応を変えることです。

あるレストランでは「一人客はカウンター席に、グループ客はテーブル席に案内する」というルールが接客用マニュアルに定められていました。

さて、ある日、ランチのピーク時間も過ぎた頃でした。店内は、ほとんどが空席になっています。そこに一人のお客様が来て、テーブル席に座ろうとしました。

店員はマニュアルに従って声をかけました。「すみません、お一人様の場合、カウンター席をご利用いただけますか?」。そのお客様は「えっ?空いているテーブルが、たくさんあるじゃないか!」と声を荒らげました。

この一人客に対して店員には二つの選択肢があ

りました。「そのままテーブル席に座らせる」と「カウンター席に移動してもらう」です。そしてマニュアルに従えば「カウンター席に移動してもらう」のが「正しい判断」です。

しかしこの場合、店員が「マニュアルを守る」のは、明らかに間違っています。それはなぜでしょうか？　それは、そもそもレストランのオーナーが目指している「最終目的地」を考えれば分かります。

私たちが何のために「判断」しているのかと言えば、当然、自分が希望する「目的地」に到達したいからです。したがって「最善の判断」とは、「目的地にもっとも近づけるような選択をすること」です。判断を間違えれば、目的地への道を遠回りしてしまうことになるからです。

さらに、ある小さな目的地は、もっと大きな、あるいは遠くの目的地に行くための中間地点だったりもします。

オーナーの最終目的地は「店の売り上げを増やす」ことです。そして、そこへ行くための中間地点が二つあります。一つ目の中間地点は「混雑時の客席の回転率を上げる」ことで、このために決められたのが先ほどのルールです。

そして中間地点の二つ目は「このレストランで食事をしたいお客様を増やす」ことです。そのためには「お客様の満足度を高める」必要があります。この視点から、カウンター席に移るよう店員がお客様に求めたのは「判断ミス」になるのです。

店員が一人客をカウンター席に移らせようとしたのは、マニュアルに記載されている中間地点だけを見ているからです。マニュアル全体が最終的に目指している最終目的地を見ていないわけです。

この店員に限らず私たちは、ついつい遠い地点にある最終目的地を見失い、中間地点だけを見つめて誤った判断をしてしまうことがよくあります。

ちなみにこのケースでは、店員だけが判断ミスをしたのではありません。レストランのオーナーにも判断ミスがあります。人を使う立場の者として、従業員の中には臨機応変な判断ができない人物が必ずいる、ということを想定しなかったミスです。

たとえば「一人客はカウンター席に、グループ客はテーブル席に」というのは舌足らずのルールです。これに「混雑時には」という条件を付記しておくべきでした。その丁寧さを怠った判断ミスです。

★原因11　因果関係を間違える

ひどい不眠症に悩む友人がいました。夜はよく眠れず、反対に職場での仕事中に眠くなって仕方がないというのです。当然、私は「医者へ行けば？」と勧めました。しかし、医師が処方するような本格的な入眠剤や睡眠薬に対して偏見があるらしく、医者に行こうとはしません。とにかく素人ながら、彼なりの判断でいろいろな対策を取っていました。

彼が言うには市販の入眠剤は、最初は少し効果があっても、二週間ほどすると効かなくなるのだそうです。早朝に目覚めてしまうので、朝日をさえぎる遮光カーテンに替えてみました。そのほか高額な枕、マットレス、アロマセラピーのセット、睡眠導入の効果があるという音楽ＣＤなど、かなりの散財をしたようです。

ある日私は、たまたま読んでいた本の中に「コレステロール値を下げる薬の中には、副作用で不眠を引き起こすものがある」という記述を見つけました。そういえば、いつだったか彼が言っていた言葉を思い出しました。「『コレステロール値が高いから、食事を改善せずにこのままの状態が続けば、たいへんなことになりますよ』と健康診断で脅された」と話していたのです。

そこで、私が本で読んだその話を彼に伝えました。彼が念のため確かめてみると、やはり、不眠の副作用があるコレステロール改善薬を飲んでいたのです。

さっそく薬を替えてもらうと、効果はてきめんでした。薬を替えた二日後には不眠が改善され始め、今では普通に眠れるようになったそうです。彼には一流レストランで豪華な食事を奢《おご》ってもらえたほど感謝されました。

彼は不眠の原因ではない枕や寝具にムダな投資をしてしまったわけです。

すべての現象には「原因とその結果」という「因果関係」があります。たとえば医師の診断は、患者の吐き気などの「症状（結果）」から、その「病気（原因）」を突き止めることです。この吐き気という結果をもたらした原因を判断ミスするのが誤診です。

誤診が多くては困りますが、結果とは見当違いの原因を結び付けてしまう判断ミスは、私たちの日常生活でもよくあることです。

ちなみに「見当違いをしていますよ」を英語では"You are barking up the wrong tree."（間違った木に向かって吠えている）と表現することがあります。この表現の語源は、昔、米国でアライグマ狩りが盛んだった時代にあります。アライグマが逃げ登った木の下で、猟犬が吠えて猟師に知らせる様子を表現したのが語源です。しかし、この表現は猟犬が勘違いして、アライグマが登ったのとは別の木の下で吠えている様子を表しているのです。

たとえば、電車の中で足を踏まれた人が、実際に踏みつけた人とは別人に猛抗議したとします。

そのとき、濡れ衣を着せられた人が発する英語表現がこれなのです。

つまり、自分の目指す「結果」とは無関係な「原因」を基にしての判断は、勘違い猟犬が的外れな木の下で吠えているようなものなのです。

★原因12　単純化しすぎる

第2章で詳しくお話ししますが、脳では省力化のメカニズムが発達しています。その脳の省力化のメカニズムの一つが「単純化」です。単純化にもいろいろな方式があります。似ているものを共通のパターン、グループとして整理、理解する単純化の方式もあります。

たとえば初めてビデオカメラを操作する人の脳では、無意識のうちにテープレコーダーの操作体験などを参照しています。ビデオカメラの操作に似ていそうだからです。そうすることで、テープレコーダーにもあった「巻戻し」、「早送り」、「一時停止」などのボタン操作を類推でき、脳の負担を減らすことができるからです。

しかし、時間短縮のための単純化とは、このように脳内処理を一部省略することなので、ときおり、そのこと自体が判断ミスの原因になってしまうこともあります。

「イタリア人は陽気」、「高額の商品は高品質」、「理系の人は論理的」といった決まりきった予想は、それらが当たる確率は高いでしょう。一方、イタリア人にも陰気な人、高額でも低品質な商品、理系出身の人でも非論理的な人がいるはずです。つまり、当然、予想がたまに外れることもあります。脳のパターン化による単純化がこのような悪さをするケースに限り、私たちはそれを「偏見」と呼んだりします。このように、脳の「単純化」は判断時間を短縮するための重要な働きなのですが、時にはそれが判断ミスを誘うのです。

また、日常生活で、あなた自身が正しい情報を誤って単純化しすぎてはいませんか？

たとえば、「お肌をプルプルに保つ成分」としてのコラーゲンは有名です。肌下の層で、細胞と細胞の間をつなぐ役割を持った蛋白質です。加齢と共に、そのコラーゲンが不足すれば肌のハリが失われ、弛《たる》んでしまうわけです。この知識は科学的には正しいものです。しかし、この正しい情報を過剰に単純化して解釈していませんか。コラーゲンを食事から豊富に摂れば、お肌もプルプルになる、なんて単純に考えていませんか。コラーゲンを食事の成分として考える場合、ただの蛋白質です。一度、食べたコラーゲンが体内でアミノ酸まで分解、吸収されれば、その後、体内の様々な種類の蛋白質製造の材料になるだけです。残念ながら、食べたコラーゲンの分だけ、そのままコラーゲンが増産されるなどという単純なことは起こりません。

自分の足の筋肉を増強したいと思っている短距離走のアスリートがいたとしましょう。もし、そのアスリートが、牛や豚の足の肉を特注して食べていれば、自分の足の筋肉が強化されると信じていたら、とても奇妙です。しかし、コラーゲン神話はこれと同じように滑稽な単純化なのです。

プルプルお肌を維持したいなら、実際には、体内のコラーゲン生産を増やすために、蛋白質とビタミンCのじゅうぶんな摂取を心がけるほうが正解なのです。ビタミンCが体内でのコラーゲン生産の材料として必要だからです。また、摂取する蛋白質は、もちろんコラーゲンである必要はありません。普通の肉、魚、豆腐、納豆、チーズなどでよいのです。

科学的情報の一部だけに注目して、過剰に単純化して解釈する誤りは日常茶飯事です。「単純化」は脳の大切な働きですが、ときおり誤作動して私たちを判断ミスへと誘《いざな》うのです。

★原因13　過去の経験に囚われる

過去の経験は、脳に重要な判断材料を提供します。この働きがうまくいけば「過去の経験を活かした」ことになります。しかし、脳のこの同じ働きが、デメリットをもたらす場合、私たちは「過去の経験に囚われる」と表現するのです。また、「過去に囚われる」デメリットにも、じつはさらに二つの種類があります。

一つ目は失敗体験に囚われる場合です。

たとえば、山道でスズメバチに襲われた人は、それ以後、山道を歩くときは警戒心を強めます。過去に痛い体験をした場合、似たような状況になると、脳は自動的に警報を出すのです。

これは過去の経験から、脳が「危険回避せよ」と時間をかけずに判断できる重要な仕組みです。あなたが入社試験の面接ですごく緊張し、受け答えに大失敗したとしましょう。次の面接で「また同じ失敗をするかも」という不安に襲われるのは、この警報システムの働きです。

しかし、このシステムが過剰に働くと、「トラウマ」と呼ばれる状態になります。「羹《あつもの》に懲りて膾《なます》を吹く」という状態になってしまうのです。「過去の経験に囚われる」二つ目の失敗は、過去の成功体験に囚われる状態です。

女性に対して「押しの一手」を繰り返して成功した男性がいたとしましょう。この男性の脳のデータベースには、「女性を落とすには押しの一手がいちばん有効」という誤った情報が記録されます。そこで、まったく別のタイプの女性に近づくときも、同じように「押しの一手」で迫り、嫌われてしまいます。「この女性には、どういうアプローチがいいのか、よ～く考えてみよう」という、本来、取るべき正しいプロセスを脳が省略してしまうのです。

過去の成功体験をそのまま採用して、大失敗したことは、誰にでもあると思います。

ちなみに「過去の経験を活かさない」ことも、判断ミスの原因になります。前述の例で言えば、山道でスズメバチに襲われた人が、次に山道を歩くときも無警戒でいるようなものです。また襲われてしまうかもしれません。いわゆる「学習しない人」が犯す判断ミスです。

★原因14　他人の考えに流される

テレビでおもしろい実験を紹介していました。

たくさんの女性に「あなたが身長一六〇cmだとしたら、どのくらいの体重が理想ですか？」と質問します。そして男性たちには、体重が一kgずつ違う一五人の女性の写真を見せ、「どの体形があなたの理想ですか？」と質問しました。その一五人は全員が身長一六〇cmで、みな同じデザインと柄の水着姿で、顔だけ隠されている写真でした。

すると、男性が理想とした体形の女性の平均体重は、女性自身が信じる理想体重よりも五kg以上重かったのです。

つまりもし、男性にモテたいという動機なら、女性たちは、見当外れの体重を目標に、日夜、

努力していることになります。一種の判断ミスと言えるでしょう。

ファッション誌を華やかに色どるモデルたちの細身な体形は、商業目的の不自然な細身とも言えます。ところが、そんな雑誌を眺めている女性たちは、いつの間にか洗脳され、憧れてしまうのです。

このように、本来「自分の価値観」だと思っていることが、じつは「他人の価値観」を刷り込まれていることが少なくありません。

一人では判断がなかなかつかないときには、他の人に相談したくなります。「岡目八目」で的確なアドバイスがもらえることもあるでしょう。岡目八目とは、碁を打つとき、打っている当人たちより、脇で見ている利害関係のない人のほうが八手先までよく分かるということです。

たしかに、実際に判断する人よりも、利害関係のない他人のほうが、冷静に考えられ、役立つ助言をもらえるでしょう。しかし他人の視点で判断することが、逆にデメリットになることもあります。

助言通りのことをしてみたら、自分の思いとは違った結果になってしまった、ということはありませんか?

★原因15 「疑う力」が不足している

野生動物が持っている危険を回避する本能が警戒心です。もはや野生動物ではない私たちヒトにとっての警戒心とは、「その情報は本当か?」と疑う力です。

「疑う力」の不足は、判断ミスを誘います。たとえば、いっこうに減る気配を見せない振込め詐欺の被害にあう原因も、「疑う力」が不足しているからでしょう。

テレビ・ショッピングでは魅力的な商品、お買い得価格の商品、知らなかった便利な商品が次々に紹介されます。画像を使った分かりやすい商品説明もあります。私も買って重宝している商品がたくさんあります。

しかし商品を実際に使ってみると、あまり自分には合わないことが分かり、いつの間にか押入れの奥にしまいっぱなし……ということもあります。それほど欲しかったわけでも、必要なわけでもないのに、巧みな宣伝に乗せられて、つい衝動買いしてしまうのです。

テレビやチラシを通して受け取った情報（宣伝）を鵜呑《うの》みにし、その商品を「すばらしい」と判断して飛びついた結果です。

★原因16 冷静さを失っている

判断の過程で冷静さを失うことは、判断の土台を揺るがしてさまざまな被害を引き起こす大地震のようなものです。

判断の土台が揺るげば、たとえば、選択肢を見落とすでしょう。また、情報を疑ってみる余裕がなくなり、「その先」まで考えられなくもなるでしょう。冷静さを失えば、このように判断ミスのオンパレードになるはずです。

課長のつまらぬ小言に、ついカーッとなってしまい、「課長だって、しょっちゅう会議に遅れ

てくるじゃないですかぁ〜！」などと、言ってはならない一言を言い返してしまう。お客様との打ち合わせ時刻に遅れそうになり、あわててオフィスを飛び出たあげく、逆方向の電車に飛び乗ってしまう。車どうしの軽い接触事故を起こして気が動転してしまい、その場で保険会社に電話することを忘れてしまう——などなど、冷静さを失うと判断ミスを連発してしまいがちです。

恋に舞い上がっているときは「この人でなくちゃ！」と思っていたのに、後で冷静になってみると「なぜこの人に？」と不思議に思ったことはありませんか？

——以上、判断を誤る理由をざっと思いつくだけ挙げてみました。つまり、こうしたミスをしなければ、より正しい判断ができるということです。

次に、実際にどのような心構えで判断すればミスを少なくできるのかをお話ししたいと思います。しかし、その前に、そもそも「判断」とは何かを次の章で考えてみましょう。

第2章

「判断」とは何か

「判断する」と「思う」の違い

そもそも「判断」とは何でしょう？　言葉の意味はやさしそうですが、実態はかなり奥深い概念です。

たとえば、頭痛がするときに頭痛薬を飲むかもしれません。このとき「薬を飲もうと思った」とは言いますが、「薬を飲もうと判断した」とは、あまり言いません。この状況では、薬を「飲む」「飲まない」程度の選択肢しかないからでしょう。

しかし、「彼の英語の訛《なまり》から彼はフランス人だと思った」とも言いますが、「彼はフランス人だと判断した」という表現もそれほど不自然ではありません。恐らく、薬を「飲む」「飲まない」とは違い、彼が、ドイツ人だったり、スペイン人だったり、イタリア人だったり、ロシア人だったりと他にもいろいろな選択肢があったからでしょう。

さらに、「フランス人だと思った」と「フランス人だと判断した」とのニュアンスの違いは何でしょうか。まず、「思う」のほうは、「思う」か「思わない」か、どちらかの「脳のなにげない働き」にすぎません。そのため、「思う」ことは、他に影響を与えずに取り消すことができるような感覚です。

これに対して「判断する」とは、複数の選択肢の中から選ばれ、しかも行動を伴うような印象を与えます。「フランス人だと判断したので、すぐにフランス語が分かる医師を探した」のように、「判断」の次に「行動」に結びつくようなニュアンスです。「判断する」のほうは、「思う」と違い、次に何らかの「行動」につながるので、気軽には取り消せないように感じます。この簡単には「元に戻れない」ことも、「判断する」と「思う」との大きな違いでしょう。

さて、「判断する」と「思う」との比較によって、私なりに脳裏に浮かび上がったことを整理すると次の通りです。

【1】「思う」という行為は、「なにげなく」行う行為である。
【2】「判断」とは、複数の選択肢の中から「次に取るべき行動」を選択すること。
【3】「取るべき」とは、最善を選択すること。
【4】「最善」とは、通常、「判断する人物」にとって最善であること。
【5】「判断する」という行為は、論理的、かつ、慎重に行う行為である。

以上をまとめると、「判断」とは、

「『次に取るべき行動』としての複数の選択肢の中から、自分にとって最善となるような選択肢を論理的、かつ、慎重に選択すること」

と言えそうです。

つまり、脳内現象だけの「思う」とは違い、「判断する」とは、必ず、行動を伴うものです。しかも、複数の選択肢の中から選ぶので、ちょうど道が複数の道に分かれている分岐点に立ち、次に進むべき道を選択している状況に喩《たと》えられるでしょう。

一つの道を選択して進む以上、その道の先には、どんな運命が待ちうけているか分かりません。落とし穴に落ちてしまうかもしれません。脳内だけの変化である「思う」は、周囲に影響を与えず、取り消すことができます。しかし、行動を伴う「判断」の場合、ある分岐点で、一度、ある道を選んでしまうと、元には戻れない可能性もあります。この不可逆性こそ、すぐに取り消せる「思う」と、簡単には取り消せない「判断する」との大きな違いなのです。

なぜ判断は割れるのか？

複数個ある「次に取るべき行動」という選択肢の中で、自分にとっての「最善」を選ぶことが「判断する」こと、と本書では考えます。簡単なことのようにも思えます。しかし、それなら、なぜ、人によって「判断が割れる」ことがあるのでしょう。

山中で道に迷った登山グループをイメージしてください。三方に道が分かれている分岐点で、どの道を選ぶべきかで意見が割れることもあるでしょう。運がよければ遭難を免れるでしょうし、運が悪ければ遭難してしまいます。それぞれの道を主張する人は、その人なりに、その道を進むべきと判断するわけです。つまり、別々の道を主張する人たちは、それぞれが、自分の主張する道に進むことが「最善」と判断しているわけです。

なぜ、こんな意見の食い違いが起こるのでしょうか。

「最善」とは何か？

日々の現実生活で「判断が割れる」「意見が割れる」理由は、「最善の道が不明確」だからです。

たとえば、転職を考えていたあなたは、希望条件がいいらしい別の会社の採用試験に受かり、面接にも合格しました。しかし、あなたには迷いがありました。新しい会社の内定をもらいながらも、本当に転職したほうがいいのだろうか、という贅沢な迷いです。しかし、他人の目には贅沢な悩みでも、人生を決定的に左右する大事な分岐点に立たされているあなたにとっては真剣な悩みです。

さらに、現在、在籍している社内で、新しいプロジェクトの参加メンバーの公募がありました。応募者資格と人数からして、応募すれば採用されることは間違いありません。あなたにとっても魅力的なプロジェクトです。

大雑把に言って、現在のあなたには三つの選択肢があります。あなたの目の前に進むべき道が三本に分岐していると言ってよいでしょう。道Aは、採用試験を通った新しい会社に転職する。道Bは、現在の会社の新しいプロジェクトの参加メンバーに応募する。道Cは、現在の会社の現在の部署で勤務を続ける。人生は、このような分岐点の連続です。あなたも似たような状況の分岐点を何度も通ってきたはずです。

このような状況で私たちは次のように考えます。給与の伸びは？　仕事のやりがいは？　得られるスキルは？　将来の安定性は？　発展性は？　倒産のリスクは？　世間体は？　休暇の取りやすさは？　労働時間は？　などなど……。考える要素が多くて複雑です。しかも、各要素の情報も不確かです。不確かどころか、まったく不明で読めないものもあります。こんな状況で自分にとって最善な判断をすることは、至難の業《わざ》です。

しかし、判断がむずかしいからといって、分岐点で立ち止まったままでいることは許されません。どの道かを選択して進まなければならないのが人生です。人生は分岐点の連続なのですから。

「判断」の本質とは

今、お話しした「判断」ということの本質をもう少し探るため、あなたにちょっとした空想世界の「森」の中に入っていただきましょう。判断という行為をモデル化した森です。一種のゲームのようなものだと思ってください。

あなたの行く手にはA、B、Cの三つの道があります。あなたはどの道に進むべきだと「判断」しますか？

★Aに進むと、あなたは森の妖精とジャンケンをしなければなりません。あなたが勝てば二万円もらえます。しかし負けたら五〇〇〇円の罰金を取られてしまいます。
★Bに進むと、無条件で三〇〇〇円もらえます。
★Cに進むと、サイコロを振らなければなりません。「1」が出れば三万円もらえますが、「1」が出なかった場合は、何ももらえませんし、罰金もありません。

この森で、あなたはA、B、Cのどの道に進むのがよいと判断しますか？　そして、なぜ、その道を選んだのですか？

いずれにしても、その判断は「慎重に」行わなければなりません。たとえば、各ケースの「最悪」と「最善」を比較してみましょう。

★道A　最悪：マイナス五〇〇〇円　／　最善：プラス二万円
★道B　最悪：プラス三〇〇〇円　／　最善：プラス三〇〇〇円
★道C　最悪：ゼロ円　／　最善：プラス三万円

この結果から、あなたはどの道に進むのが最善だと「判断」しますか？

それは、この時点でのあなたの財布の状況にもよるでしょう。たとえば給料日の翌日で余裕があるなら、「細かく稼ぐ必要がないから、大きく儲かるかもしれない」道Cを選ぶかもしれません。性格的には冒険好きな人、楽観的な人が選びそうな道です。

逆に財布の状態が切迫していたら「少額でも確実にもらえる」道Bに進みたくなるかもしれません。性格的には心配性の人、悲観的な人、堅実な人が選びそうな道です。

一方、「最悪のケース」と「最善のケース」との、それぞれの起こりやすさ（確率）を考慮する作戦もあります。それぞれを選んだ場合に予想される金額を計算する手法です。

★道A　ジャンケンの勝敗の確率はそれぞれ五〇％なので、予想される損得勘定は次の式で計算できます。
予想額：（＋20000円×50％）＋（−5000円×50％）＝10000円−2500円＝＋7500円
★道B　不確定要素がないので、損得勘定は次の式で計算できます。
予想額：＋3000円×100％＝＋3000円

★道C　サイコロの「1」の目が出る確率は六分の一で、「1以外」の目が出る確率は六分の五ですから、道Cでの予想される損得勘定は次の計算式になります。

予想額：$(+30000円 \times \frac{1}{6}) + (0円 \times \frac{5}{6}) = +5000円$

この予想額は、あくまでも、その道を何度も選んだ場合の平均額という意味あいになります。

そこでこれを「予想平均額」と呼ぶことにしましょう。まとめると次のようになります。

★Aの予想平均額：プラス七五〇〇円
★Bの予想平均額：プラス三〇〇〇円
★Cの予想平均額：プラス五〇〇〇円

この計算はきわめて合理的ですから、誰にとっても「最善な判断はA」のように思えるかもしれません。

しかし、気をつけなくてはならないのは、この数字が表す予想額とは「何回も繰り返した場合の平均値」であるということです。それに対して、あなたがここで道を選べるのは、たった「一回だけ」です。この状況で、はたして予想平均額という考えは役に立つのでしょうか。

人の判断はそれぞれ

このような状況で、どのような人が、どのように判断するかを考えてみましょう。人のタイプはさまざまですが、たとえば次のようなタイプがあるのではないでしょうか。

★タイプ1：とにかく危険を避けたいタイプ
★タイプ2：少額でも確実性を重視するタイプ
★タイプ3：確率は小さくても、最高額で考えるタイプ

こうした人間のタイプを念頭に考えてみましょう。

道Aの予想平均額は最高額ですが、悪くすると五〇〇〇円を失う可能性があります。小さな確率でもお金を失うことを絶対に避けたい人は、当然、道Aは選ばないはずです。

それでは、この人たちは残された道Bと道Cのどちらを選ぶのでしょうか？

どちらの道も金銭を失うリスクはありません。リスクがない選択肢の判断なら「予想平均額」が役に立つのでしょうか？　ここでも、人の性格、状況によって判断が異なってくるはずです。

つまり、少額でも確実性を重視するタイプ2なら、確実に三〇〇〇円もらえる道Bを選ぶでしょう。一方、確率は小さくても、もらえる額の大きさを重視するタイプ3は、もしかしたら三万円がもらえる道Cに進むと思われます。

ここで、確実な三〇〇〇円を選んだタイプ2は、道Bと道Cとの「最悪の金額」を比較し、より大きな金額の三〇〇〇円になる道Bと判断したはずです。

一方、「もしかしたら三万円」の道Cと判断したタイプ3は、道Bと道Cとの「最善の金額」を比較し、より高額の三万円をもらえる道Cと判断したことになります。

こうして見てくると、やはり、どのタイプも予想平均額を参考にはしていないことが分かります。何度か繰り返して選択した場合という色彩が濃い予想平均額は、一度きりの選択である「判断」には、あまり参考にならないのです。

軽い判断、重い判断

判断には、当然、「軽い判断」と「重い判断」があります。

たとえば「天気予報で帰宅時の降水確率が五〇%だったら、傘を持参するか、しないか」の判断はごく軽いものです。映画の世界なら傘一本がドラマの始まりになるかもしれませんが、日常生活では、その判断が人生を左右することはないと言ってもよいでしょう。

一方、人生を左右するような重い判断をしなければならないこともあります。

あなたには結婚予定の素敵な彼氏がいます。ところが、ある日、突然、二年間のニューヨーク勤務の内示がありました。あなたの今までの業績と英語力を認められてのことです。あなたには、飛び上がるほど嬉しい知らせでした。

しかしニューヨークに行ったら、彼とは二年間離れなくてはなりません。彼がいっしょに行くのは不可能で、しかも、あなたのニューヨーク行きに彼は猛反対です。その反対を押し切ってニューヨークへ行ってしまったら、彼を失うことになるかもしれません。

恋人を取ってニューヨーク行きを断わるか、それとも恋人を失うリスクを負ってでも夢を取るか、——まさに人生を左右する「重い判断」の一大事です。

「判断」とは「欲しいもの（状態）を手に入れる」ためにすることです。その「欲しいもの」は、それぞれの人によって異なります。「欲しいもの」とは、人それぞれの価値観ですから、価値観は判断の土台なのです。土台が異なればその上に建つ家の造りが違うように、価値観ごとの判断があるのです。

先ほどの傘を持っていくかと、ニューヨークへ行くかの二つのケースは、判断結果の重大さがまるで違います。しかし「あなたの価値観」という「判断の土台」はどちらも同じです。

つまり、傘を持っていくか、持っていかないかは、「余分な荷物は持たない」と「濡れない」という「二つのうちどちらを重視するか」という価値観の問題です。一方、ニューヨーク行きの話も「仕事を取る」と「恋人を取る」の、やはり「どちらを重視するか」という価値観の問題です。

個人の価値観が土台なので、万人共通のたった一つの「最善の判断」というものは存在しません。しかし「あなた」という特定の人物、「あなたの現状」という特定の状況下での「最善の判断」、つまり「あなたにとっての最善の判断」は、必ず存在するはずです。

つまり「あなたが何を重視するか」を明確に自覚しながら「最善の判断」探しをすれば、「あなたにとっての最善の判断」に近づけるはずです。

したがって、今のあなたが「何を重視するのか」、「どんなリスクを、どの程度避けたいのか」というあなた自身の価値観をキチンと分かっていなければなりません。そうでなければ、判断の土台がないことになり、いつまでも迷うことになるからです。

脳の省力化メカニズム

ところで、判断の際の主役である脳は、朝、目覚めてから、夜、眠りにつくまで、絶え間なく大量の情報処理をこなしています。いや睡眠中も夢を見ながら活動しています。とくに「判断」は脳にとっては重労働です。そこで少しでも負担を軽くするために、脳にはさまざまな省力化のメカニズムが備わっています。脳の省力化のメカニズムは脳負担を減らすというより、判断時間を短縮するためと考えていただいたほうがよいでしょう。野生動物などでも、危険などに迅速に対処するために発達してきた必要不可欠な「脳のメカニズム」なのです。

しかし、普段は大変有効に働く脳のこの大切な働きも、ときどきは逆に判断ミスを引き起こす原因になってしまいます。なぜなら、「脳の省力化」とは、脳が短時間に判断結果に到達したいため、情報の丁寧な分析を一部、割愛することだからです。つまり、解析作業を省略する分だけ、

「判断結果が不正確になる」という代償も避けられないのです。脳のフル回転中、脳内では、「処理時間の速さ」を取るか「結果の正確さ」を取るかのせめぎ合いが起こります。この両者が常にバランスしている間は問題ありません。しかし、ときどき、脳の省力化という優秀なメカニズムが過剰に働き、私たちを判断ミスへと導いてしまうのです。役に立つ火災報知器も、ときおり誤作動して私たちに迷惑をかけるようなものでしょう。

それでは、具体的にはどうしたら「最善の判断」を下せるのでしょうか？　次の第3章で、「判断」が持つさまざまな側面から検討しましょう。多くの判断ミスの大きな背景でもある脳の省力化メカニズムともからめて、「どうすれば最善の選択ができるのか」を追求していきたいと思います。

第3章

正しい判断のための14の指針

第1章と第2章で、判断を誤る理由と、そもそも「判断」とは何かを考えてきました。それらを踏まえて、第3章では判断を誤らないためにはどうしたらよいかを検討してみましょう。

正しい判断のための14の指針

指針1：選択肢は多めに挙げよ！
指針2：ムダな選択肢は刈り込め！
指針3：最悪のケースも忘れるな！
指針4：因果関係を間違えるな！
指針5：何がもっとも緊急かを考えよ！
指針6：自分の「思い込み」を疑え！
指針7：情報の信憑《しんぴょう》性を疑え！
指針8：メリットとデメリットを天秤にかけよ！
指針9：生命の安全を最優先せよ！
指針10：「交通事故の確率」は無視せよ！

指針11：小さな確率に備えよ！
指針12：臨機応変に判断せよ！
指針13：他人の価値観に流されるな！
指針14：遠い昔の判断ミスを気にするな！

以下、一つずつ詳しく検討していきましょう。

指針1 選択肢は多めに挙げよ！

薬物依存？

不安神経症のため、五年以上も抗不安薬を飲み続けている熟年男性の話をテレビで紹介していました。しかし、定年退職をきっかけに、薬に頼る生活をやめたいと思い、かかりつけの医師には内緒で、抗不安薬の服用を勝手にやめてみたそうです。

最初の一日、二日は何事もなかったのですが、残念ながら三日目あたりから、やはり強い不安に襲われました。そのため男性は「やはり僕には抗不安薬が必要なんだ」と判断して、元通りの服用を再開したとのことです。

ところが、ひょんなことから、男性は別の選択肢があることを知ります。幼なじみの外科医と飲んでいたとき、「それは病気の再発じゃなくて、薬の離脱症状かもしれないよ」と言われたのです。そして「僕は不安神経症は専門外だから、別の心療内科などでのセカンド・オピニオンを求めてみたら?」と勧めてくれたそうです。

離脱症状とは、薬を急にやめた場合などに起こるリバウンド現象を指す専門用語です。体がある薬に対して依存状態になってしまい、体内でその薬剤成分が急激に失われると、いわゆる禁断症状が起こることを指します。つまり、病気の再発などではなく、長年、飲み続けていた抗不安薬によって薬物依存症になっているだけ、という可能性を指摘してくれたわけです。

さっそく別の医師にセカンド・オピニオンを求めたところ、新しい選択肢を示されました。薬の服用を再開しますが、それから三ヵ月ほどかけて、服用量を徐々に減らしていくのです。

こうして、ついには完全に薬を断つことができました。ちなみに、薬を完全に断ってからも、若干の不安症状が出たこともありましたが、服用量を元に戻してしまうような挫折はしなかったそうです。今では、あの抗不安薬を飲み続けていたときよりも、はるかに精神的に健康な日々を送れていると番組の最後で紹介されていました。

「時間をかけてゆっくり服用量を減らし、最終的には薬を完全に断つ」という大きな目標を持ち続けられたおかげだそうです。

三つの選択肢

つまり、この男性が抗不安薬の服用をやめたことで不安症状が出てきたとき、じつは選択肢は三つあったのです。

★選択肢Ａ　薬の元通りの服用を再開する。
★選択肢Ｂ　服用中止を続行してみる。
★選択肢Ｃ　服用を再開するが服用量を徐々に減らす。

しかし、男性は選択肢BやCにはまったく気づかず、すぐに選択肢Aという判断をしました。「服用を中止した」という原因が「不安症状が出た」という結果を引き起こしたと解釈したのです。つまり、「薬がないと不安症状が出る」という現象から、「自分の不安神経症は治っていない」、「だから薬の服用は必要だ」と単純に結論したわけです。

テレビ番組の最後で、男性は「もし、幼なじみの助言がなかったら、自分は薬が必要だという誤った判断から、今でも薬を飲み続けていたでしょう」と結んでいました。

第1章でもお話ししたように、判断を間違えるいちばんの原因は「選択肢の見落とし」です。選択肢の典型的な見落としとは、狭い範囲だけで考えている状態です。情報不足のため、他の選択肢に気づけない場合もここに含まれます。

したがって、常に「もっと別の選択肢もあるのではないか」との発想がとても大切です。正しい判断のための指針1は、次のようにまとめられるでしょう。

指針1　選択肢は多めに挙げよ！

1. 「別の選択肢」をもっと探す努力をせよ！
2. 関連情報をもっと集めよ！

3. 最初に切り捨てた選択肢を再検討せよ！
4. 他人に助言を求めよ！

指針2●ムダな選択肢は刈り込め！

プロ棋士の神業

先ほどは「選択肢は多めに挙げよ！」とお話ししましたが、選択肢が多すぎると、複雑になりすぎて、かえって判断ミスを犯してしまうこともあります。脳の基本性能（記憶容量や処理速度）には限界があり、判断要素が多くなるほど、処理能力が追いつかないからです。

第2章でもお話ししたように、脳には、いろいろな省力化メカニズムがあります。その一つに「単純化」があります。複雑な状況を単純化することで、より迅速に、かつ正確に理解しようとする働きです。第1章の21ページでお話ししたように、本書では、判断に役立つ単純化を「善玉単純化」と呼んでいます。

碁や将棋のプロ棋士の脳は、並外れた記憶容量と処理速度を持っているように思いませんか？数知れぬ棋譜《きふ》を記憶し、何十手先までも読んでいるように見え、私たち素人にはまさに神業としか思えません。

しかし実際には、プロ棋士と私たち一般人との脳の基本性能（記憶容量や処理速度）には、神と人間ほどの大差はありません。では、あのような神業はなぜ可能なのでしょうか？

プロ棋士と素人とのいちばん大きな違いは、記憶力でも処理速度でもありません。「ここから先は読む必要なし」と即断し、読み筋から切り落としていく「単純化」の能力なのです。読み筋を大幅に刈り込み、単純化することで、逆に広範囲のことを短時間で分析できるのです。結果的に、素人目には、プロ棋士の脳自体がまるで神の領域にあるかのように見えてしまうのです。

並外れたプロ棋士の単純化の能力も、生まれつきは、私たち素人とそれほど大差なかったはずです。しかし、長期間の訓練と蓄積された知識量によって、強化されていったのでしょう。

つまり、意外だとお感じになると思いますが、プロ棋士の並外れた力の秘訣は、一般人が考えるような「大量に読む」ことではなく、「大量には読まない」ことだったのです。

どう刈り込むか

「善玉単純化」を説明するために、棋士が行う「読み筋を刈り込む」方法を見てみましょう。ここで紹介するのは、プロ棋士ではなくとも将棋を指す一般の方でも自然に行っている思考法です。将棋や碁などのゲームをあまり行わない方の参考になるでしょう。図３－１は将棋のある局面での判断状況を表しています。もちろん、読む深さを二手先までにしているなど、分かりやすくするために大幅に単純化されています。

図の左側にある白丸が現在の局面で、次はあなたが指す番です。黒丸は、相手が指す番の局面を表しています。白丸が自分の番、黒丸が相手の番ということです。

ここで指す手の候補は、本来なら一〇手以上もあるでしょうけれど、そのすべてを深く検討していたら膨大な時間がかかります。ですから、まず過去の経験に基づく直感などで選択肢を刈り込み、詳しく検討する手筋をできるだけ絞り込むのです。もちろん、どの程度に絞り込むかは、そのときの盤面の複雑さや残りの持ち時間にもよります。

こうしてあなたは、指す手の候補を手A、手B、手Cの三つに絞り込んだとします。

もちろんどの手にも、その先には相手が指す手がいくつもあります。これらも直感で刈り込

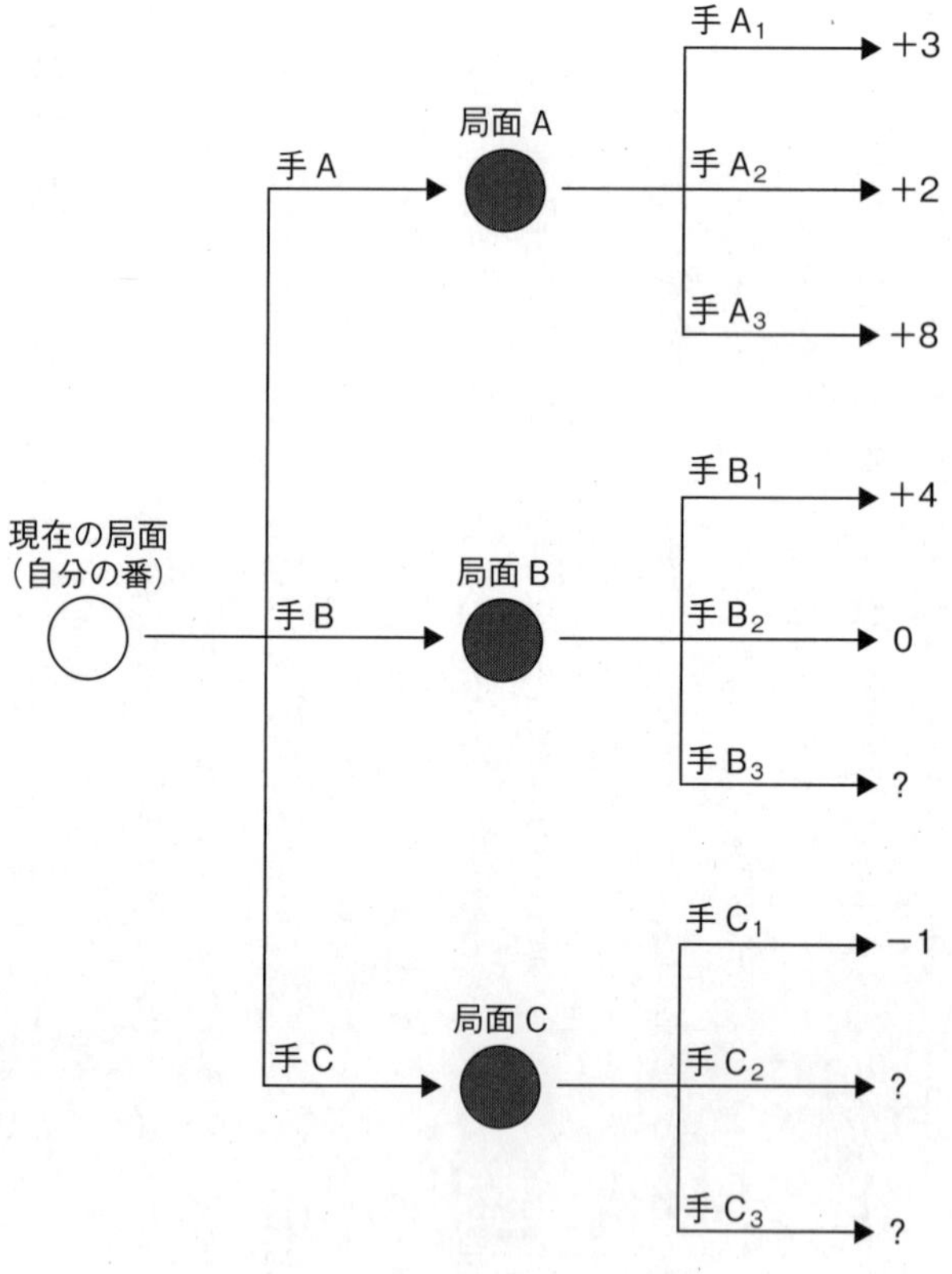

現在の局面
（自分の番）
手 A
手 B
手 C
局面 A
局面 B
局面 C
手 A1
手 A2
手 A3
手 B1
手 B2
手 B3
手 C1
手 C2
手 C3
+3
+2
+8
+4
0
?
−1
?
?

図 3−1

み、それぞれ三手ずつ検討することにしたとします。たとえば、相手の番である局面Aから出ている手A_1、手A_2、手A_3が、相手が指す手の候補です。

これくらいの数に絞り込めば、直感ではなく理詰めで考えられるでしょう。

相手が指す手によって、局面はあなたにとって有利にも不利にもなります。図ではその程度を数値で表しておきます。プラスの数字が大きいほど、あなたに有利な局面です。マイナスの数字が大きいほど、相手に有利な局面です。ゼロなら、相手とほぼ互角の局面ということです。

さて、あなたが手Aを指したとします。この局面で相手も当然、自分にとって最善の手A_2（あなたにとって最低点の手）を選ぶはずです。ですから、手Aは、あなたがいくら頑張っても、「プラス2点」の局面にしか到達できない手ということになります。つまり、あなたの手Aの評価はプラス2点ということになります。

同じ考え方で、あなたが手Bを指した場合、相手が指す候補の手B_1、手B_2、手B_3を評価します。あなたにとって手B_1の先は「プラス4点」、B_2の先は「ゼロ点」でした。

なぜ検討不要なのか

ところで、図では相手が手B_3を指してきた場合の評価が「?-」となっています。手B_3は評価できないのでしょうか？　いいえ、手B_3の先は評価の必要がないのです。

えっ、必要がない？　なぜ評価する必要がないのでしょうか。

なぜなら、あなたが手Bを指せば、手B_3の先の「?-」が何点であるかを検討するまでもなく、相手は少なくとも「ゼロ点以下」の手を指してくることが確定しています。つまり、あなたの手Bの評価は「ゼロ点以下」であることが確定しているのです。しかし、手Aの評価は「プラス2点」でした。ということは、あなたにとって、すでに検討が終わっている手Aの評価より劣る手Bが最善手である可能性が、この時点で消えたことになります。したがって、手Bの先を検討する必要が突然なくなったのです。

最後に、あなたが手Cの先を検討する場合はどうでしょう。やはり相手には手C_1、手C_2、手C_3の三つの候補があるとしましょう。手C_1の先の局面を検討したところ、評価は「マイナス1点」でした。この時点で、あなたの手Cの評価は、少なくとも「マイナス1点以下」であることが確定します。つまり、手Cも手A（プラス2点が確定している）よりも劣っていることが確定しま

比較したい項目は、価格や間取りの他にも、周囲の環境、駅からの距離、商店などの利便性、管理体制、築年数……など、たくさんありました。そのすべてを比較しようとすると、結局、どれも「帯に短し、襷《たすき》に長し」に見えてしまい、とても一つに絞れない感じです。そこで、比較項目も価格、間取り、最寄り駅からの距離、周囲の環境、商店など生活の利便性、という五項目に限定します。

ここからは、絞り込みの【ステップ2】を応用します。候補五軒の五項目を同時に比較するのではなく、一軒ごとに一項目ずつ順番に評価していきます。

購入したマンションには、できるだけ長く暮らすつもりです。大きなマイナスポイントがあると、いずれ我慢できなくなってしまう可能性があります。そこでプラスポイントよりマイナスポイントを重視しましょう。

たとえば、物件Aの中でのいちばんのマイナスポイントは、価格がやや高いことでした。しかし候補から落とすような決定的なデメリットではなかったので、暫定的な最初の最善候補として残りました。

次の物件Bの評価をします。このとき、【ステップ3】により、物件Bの評価の途上でも、物件Aの価格のマイナスよりひどいマイナスポイントの項目があれば、そこで物件Bの評価は終了し、最善候補から脱落します。以下、物件C、D、Eについても同様の評価をしていきます。もちろん、【ステップ4】により、物件Aより最終評価が高い物件が見つかれば、その物件が最善候補として物件Aと入れ替わります。すべての物件の評価が終わった時点での最善候補が、候補ではなく、文字通り「最善物件」に確定するのです。

こうしていけば比較的短時間で最善物件を決めることができるはずです。将棋での選択肢絞り込みのテクニックは、このように、日常生活の判断でも、合理的な人なら誰でも普通に行っている手順なのです。

なぜ「直感」が必要なのか

このテクニックの【ステップ1】で、「直感で」絞り込むことに、疑問を感じた読者も多いのではないでしょうか。直感ですから合理性はなく、切り捨てた中に最善の選択肢があったかもしれません。だとしたら、その先をどんなに合理的に考えてみても、結果は「最善」を取り逃がした判断ミスになってしまいます。

しかし、何のために「絞り込み」を行う必要があるのかを思い出してください。それは脳の基本性能（記憶容量や処理速度）に限界があり、必要な情報処理の量をできるだけ節約せざるを得ないからでした。脳の限界を超えた情報処理をしようとすれば、かえって判断ミスを誘います。したがって、与えられた時間に対し、情報処理量が圧倒的に多い段階では、直感によって絞り込まざるを得ないのです。

もちろん直感による判断にはある程度のリスクが伴います。しかし、それを恐れて判断できない優柔不断に陥るほうが、結果としてマイナスの可能性が大きくなります。

現実の判断では、ベストの選択を逃す可能性があっても、ベターな判断を積み重ねていくべきでしょう。

指針2　ムダな選択肢は刈り込め！

1. まず、「直感」で刈り込め！
2. 持ち時間に合わせて選択肢を刈り込め！
3. ベストな判断ではなくともベターな判断を積み重ねよ！

指針3●最悪のケースも忘れるな！

逃げる？　逃げない？

倫理的には断じて許されないことなので、以下、架空な話として読んでください。突然ですが、あなたが酒を飲んだ後に車を運転していて、人をはねてしまいました。この場合、あなたが取る行動として次の二つが考えられます。

◆事故後の行動
★行動Ａ　すぐに車を止めて救急車を呼び、警察に通報する。
★行動Ｂ　そのまま逃げる。

あなたを含め、大多数の人は、もちろん行動Aを取るはずです。ところが、このような状況で行動Bを選ぶ不心得なドライバーがいます。そうした行動を選んでしまう人たちは、それぞれの行動の結果をどう「先読み」しているのでしょうか？　恐らく、こんな感じでしょう。

◆事故後の行動の結果

★行動A（すぐに車を止めて救急車を呼び、警察に通報する）の結果
飲酒運転により免許停止（あるいは免許取消し）。さらに勤務先での減給（あるいは懲戒免職）。飲酒運転のため自動車保険の支払いが認められず、被害者への損害賠償額は、全額、自己負担になる。

★行動B（そのまま逃げる）の結果
逃げ切れれば、何の処罰もなく、車の修理代金程度の損失ですむ。

そこで「行動Bのほうが損失は小さい」と判断したわけです。
もちろん、この判断は間違っています。倫理的に許されないだけではなく、損得勘定でも、大きい損失を被《こうむ》る可能性がきわめて高いからです。

行動Bでは「逃げ切れれば、何の処罰もなく、車の修理代金程度の損失ですむ」と先読みしました。しかし実際には、この先にはさらに「逮捕されずに逃げ切れる」と「逮捕される」の二つに分かれる分岐点があります。ですから、損得勘定で判断するなら、この二つのケースも検討しなければなりません。

現実には、ひき逃げで逃げ切れる可能性はほとんどありません。そして逮捕されれば厳罰に処せられ、被害者に対して莫大な損害賠償責任を背負うことにもなるはずです。ところが「逮捕されずに逃げ切れるケース」だけを検討し、「逮捕されるケース」の検討は無視して、行動Bを選ぶわけです。

先読み力が不足して、いわゆる「甘い読み」になっています。「そうは問屋が卸さない」という現実の厳しさを考慮しない、「取らぬタヌキの皮算用」なのです。

逃げないのが正しい理由

状況を理解するために、この事故をモデル化したのが図3－2です。

事故後にあなたが選ぶ道は二つあります。道A（救急車を呼び、警察に通報する）と、道B

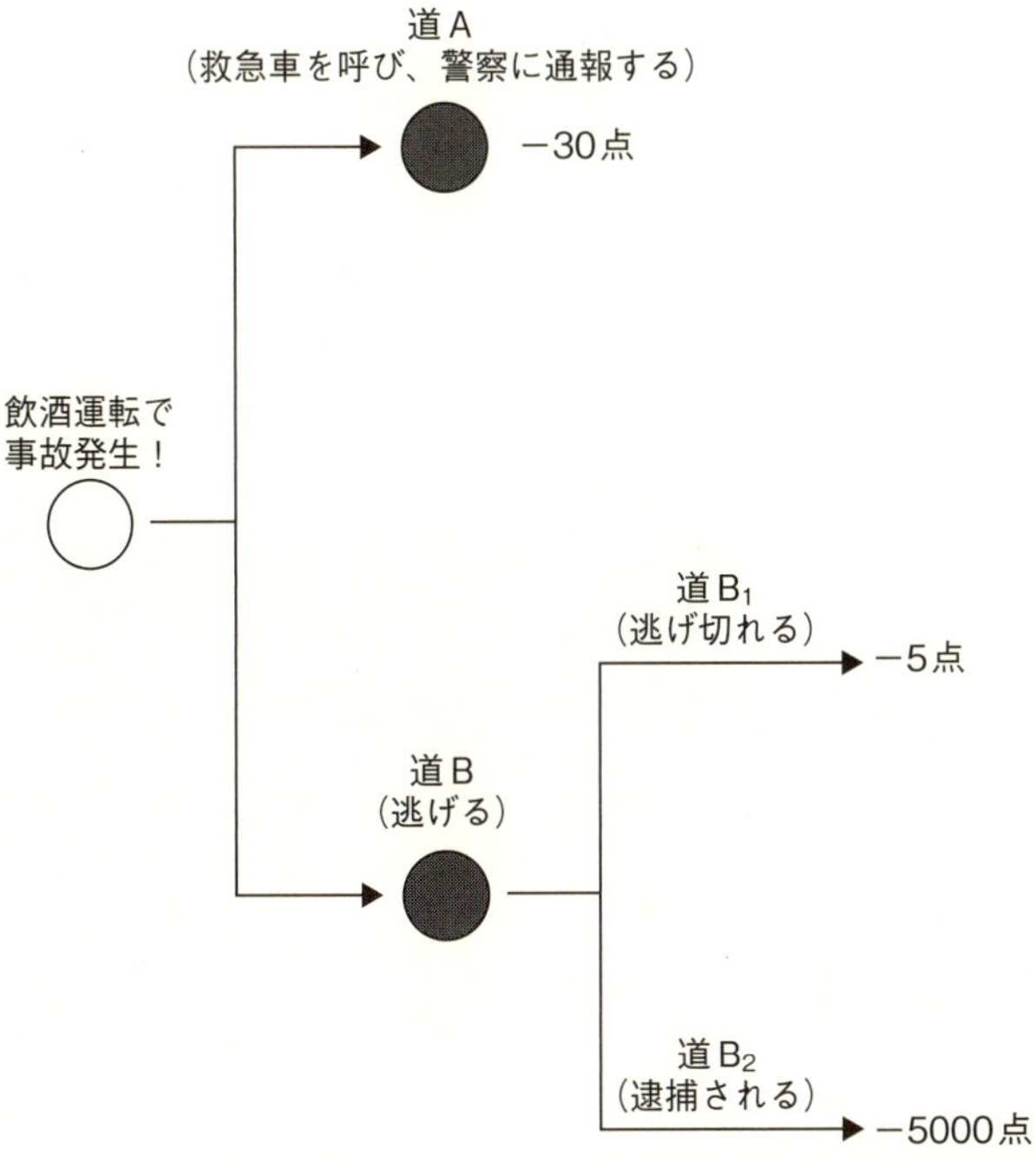
道A
（救急車を呼び、警察に通報する）
－30点
飲酒運転で
事故発生！
道B_1
（逃げ切れる）
－5点
道B
（逃げる）
道B_2
（逮捕される）
－5000点

図3－2

（逃げる）です。

道Aを選んだ場合、たとえばマイナス三〇点の評価だとしましょう。道Bを選んだ場合は、さらにその先で道B_1（逮捕されずに逃げ切れる）と、道B_2（逮捕される）に分かれています。道B_1に行ければ、評価はマイナス五点（車の修理代金程度）でしょう。しかし道B_2になれば、マイナス五〇〇点（逮捕される）になります。

道Bを選んだ場合、その先で道B_1に行くか道B_2に行くかは、あなたに選択権はありません。ただし、ひき逃げで逮捕されない確率（道B_1）はきわめて低いでしょう。

さて、あなたは道Aか道Bのどちらを選びますか？　結論を先に言えば、常識人なら誰でも簡単に分かることですが、この状況では道Aを選ぶのが正解です。

分岐点でどちらを選ぶかというときには、次のようなきわめて重要な大原則があります。それは、

「自分に選択権がない分岐点では最悪のケースを想定し、自分に選択権がある分岐点では最善のケースを選べ」

という大原則です。

道Bで、その先で道B_1に行くか道B_2に行くかは、あなたに選択権はありません。道Bを選ぶということは、この「最悪（道B_2）」を想定しなければなりません。つまり、道Bは道B_2（マイナス五〇〇点）につながると想定するのです。

したがって、自分に選択権がある道Aか道Bかの判断は、マイナス五〇〇点が想定される道Bではなく、マイナス三〇点が確定している道Aを選ぶことが正解なのです。

「最善」の選び方

先ほど紹介した「自分に選択権がない分岐点では最悪のケースを想定し、自分に選択権がある分岐点では最善のケースを選べ」は非常に重要な原則なので、改めて次頁の図3－3で詳しく説明しておきましょう。ちょっとしたギャンブルをしていると思ってください。

左端の白丸があなたの「現在地」です。白丸はあなたに選択権がある分岐点で、黒丸はあなたに選択権がない分岐点です。

あなたが立っている白丸には、三つの選択肢があります。選択肢A、B、Cの先には、テーブ

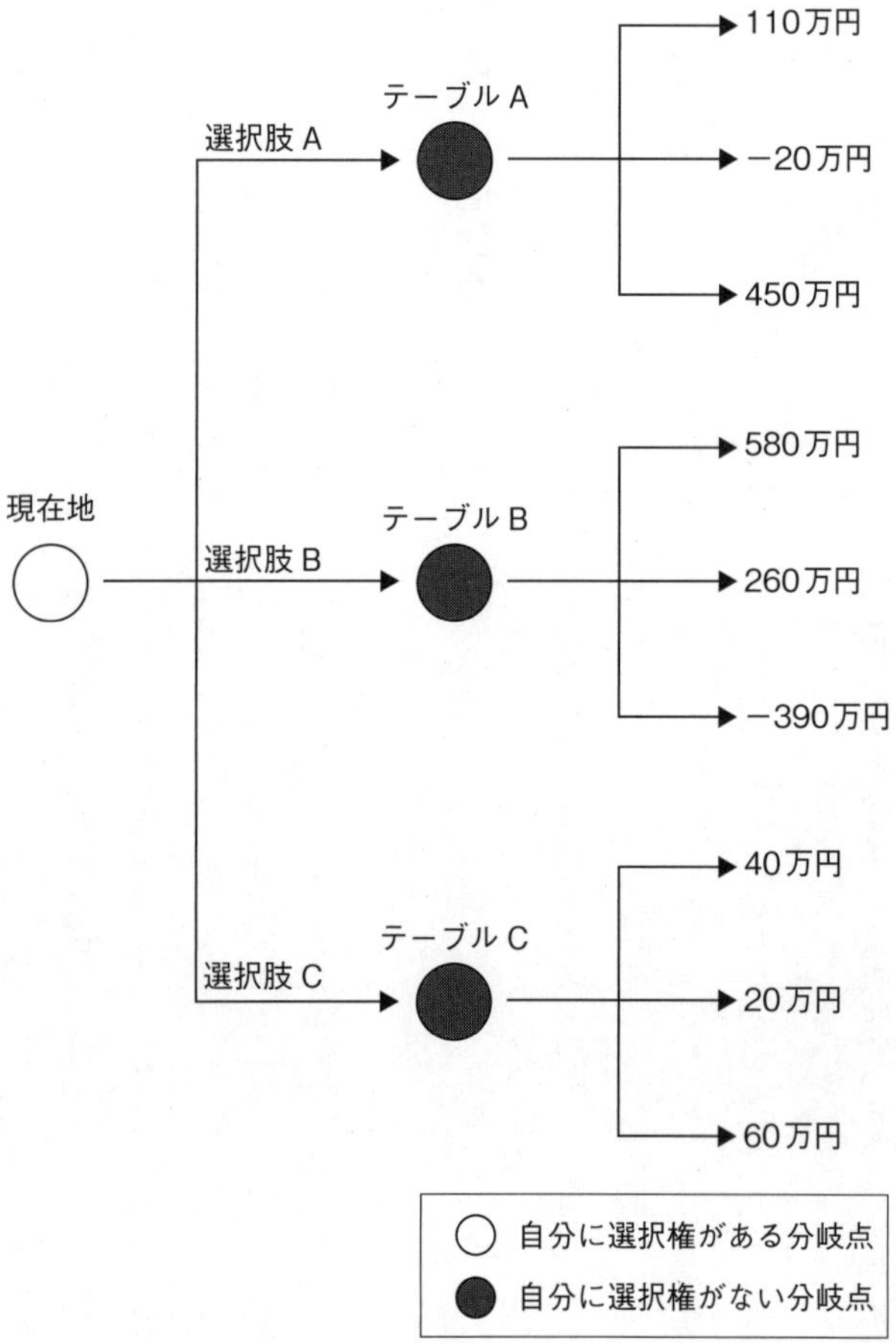

現在地
選択肢 A
選択肢 B
選択肢 C
テーブル A
テーブル B
テーブル C
110万円
−20万円
450万円
580万円
260万円
−390万円
40万円
20万円
60万円
自分に選択権がある分岐点
自分に選択権がない分岐点

図 3−3

ルA、B、Cがあります。各テーブルの上には、それぞれ三枚の封筒が置かれています。各封筒の中には、図3-3の右端に書かれている賞金額が書かれたカードが一枚ずつ入っています。封筒の外からは中のカードの金額は見えません。あなたは、選んだ封筒の金額を賞金としてもらえるのです。ただしマイナスの額は没収金額です。図3-3に示されているように、どのテーブルにどういう金額の封筒が三枚置かれているかをあなたは事前に知らされています。

この状況で、あなたはどのテーブルへ進むのが最善と判断しますか?

判断の目安はいろいろ考えられます。たとえば賞金の平均額はどうでしょうか?

平均額を計算すると、選択肢Aの先は一八〇万円。選択肢Bの先では一五〇万円。選択肢Cの先では四〇万円になります。このように、もし平均額で考えるなら、選択肢Aを選ぶのが「正しい判断」になります。

最高金額を比較するという考え方もあります。この考え方なら、いちばん高額を得られる可能性のある選択肢Bを選ぶのが「正しい判断」です。

もちろん、いずれも「取らぬタヌキの皮算用」をしていることになります。賞金どころか、選択肢Aでは二〇万円、選択肢Bでは三九〇万円没収されるかもしれません。

結局、ここでも「自分に選択権がない分岐点では最悪のケースを想定する」という指針に従うのが「正しい判断」です。各選択肢の先での「最悪の金額」に注目するのです。

最悪の金額で比較すると、選択肢Aの評価は二〇万円没収、選択肢Bは三九〇万円没収、選択肢Cは賞金二〇万円です。現在地の白丸は「あなたに選択権がある分岐点」です。ですから、ここは「最善」の賞金二〇万円に進む選択肢Cを選ぶことが「最善の判断」になります。

「判断の積み重ね」の結果

とはいっても「正しい判断は選択肢C」と断定されると、「そうかな?」と思われる読者も多いでしょう。三九〇万円を没収されるかもしれない選択肢Bを避けるのは分かるとしても、「選択肢Aを選んだ場合、運が悪くても二〇万円の没収ですむから、選択肢Aの賞金四五〇万円の可能性に賭ける価値はある」という意見です。

たしかに、「たまには冒険」することもよいでしょう。ただしあくまでも「たまには」です。

人生をモデル化すると、この図3-3のような「分岐点」の連続です。それぞれの分岐点で下した判断の結果で得られた賞金や没収金額の累積額が、あなたの人生です。

毎回、選択肢Aを選ぶような冒険的判断をしていたら、累積獲得金額は伸び悩むでしょう。一方、選択肢Cを選ぶような堅実な判断を繰り返せば、着実に賞金を積み重ねることができます。その結果は「チリも積もれば山となる」で、あなたの人生はよりよい方向に向かうはずです。

もちろん人生には「遊び」も必要です。たまの冒険としてなら選択肢Aもよいでしょう。少々の出費を伴っても、ときおりなら、パチンコや競馬をしたり、宝くじを買ったりして夢を見るのも、人生の楽しみの一つです。これらに要する費用も、それらから得られる楽しみに対する正当な出費です。一概に「ムダ遣い」とは言えません。

しかし、日頃からいつも冒険的な選択肢を選ぶような判断ばかりするのは、宝くじで生活費を稼ごうとするような無謀な生き方です。

指針3　最悪のケースも忘れるな！

1. 常に「その先」まで考えよ！
2. 自分に選択権がない分岐点では最悪のケースを想定せよ！
3. 自分に選択権がある分岐点では最善のケースを選べ！

指針4●因果関係を間違えるな！

柳の下にドジョウがいるか？

因果関係を間違うことでも判断ミスを誘発します。

たとえば、ある映画や歌が大ヒットしたので、「二匹目のドジョウ」を狙って、その続編を作ったが、さっぱりヒットしなかったということがあります。

この場合、続編の制作者がやることは、まず一作目がヒットした原因分析でしょう。つまり、「一作目のヒット」という「結果」を引き起こした「原因」探しをやるわけです。正しい原因を突き止めたなら、その原因を続編でも使おうという正攻法の作戦です。

この作戦の発想自体はまったく正しいのですが、因果関係の分析はそう簡単ではありません。外れることのほうが多いのではないでしょうか。世間ではヒットしていない商品のほうが圧倒的に多いことからも分かります。

たとえば、大ヒットした映画の原因と思われる候補はいくつも考えられます。ストーリーの斬新さ、原作の知名度、テーマと時代背景との一致、莫大な制作費、映画会社のブランド力、監督のブランド力や腕、俳優のブランド力や演技力、投入した莫大な広告費……などなどいろいろ挙げられます。

そのどれもが、程度の差こそあれ、ヒットへの貢献要因として無関係なものはないでしょう。しかし、大ヒットの「決め手の原因はどれとどれなのか」と厳密に絞り込むとなると、そう簡単ではありません。どの項目もじゅうぶん「それらしい」のですが、それを揃えた続編映画が必ず大ヒットするわけではないからです。

原因と結果の結びつけ方

それでは、私たちは、どうしたら正しい因果関係をつかむことができるのでしょうか。「手に入れたい結果」、あるいは逆に「避けたい結果」につながる「原因」が分かれば、正しく判断できるはずです。

そのためには、まず「疑問を持つこと」が必要です。探究心といってもよいでしょう。「原因だと現在思っていることは、本当にそうかな?」という慎重さです。

次に重要な点は「本当にそれが原因なのかどうかを検証してみよう」という発想です。検証することで無関係なものを取りのぞくことができ、「本当の原因」だけに絞り込んでいくことができます。

たとえば、あなたが経営するカレー専門店の来客数がなかなか増えずに悩んでいるとしましょう。なんとか来客数を増やしたいところです。あなたは、当初、「カレーの種類が少ない」ことと「価格が高い」ことが、お客様が少ない原因ではないかと考えていました。そこで、メニューを増やしたり、コストを抑えて価格を引き下げたりすることを今後の改善策として検討していました。

しかし、ここで「原因は本当にこれだけだろうか？」という疑問を持つことが必要です。そうすると、もっといろいろな原因が考えられます。たとえば、「店の外観が目立たない」、「従業員の接客態度が悪い」、「分煙対策をしていない」、「店内のインテリアが古臭い」などなど原因と思われることをできるだけ挙げていきます。

次に、これらの原因を何らかの方法で検証し、その結果で絞り込んでいきます。ただし、店の改装などは、気軽に試して検証できることではありません。そこで、ドリンク無料券との交換でお客様にアンケートを実施することにしました。たとえば「従業員の接客態度はいかがでしょう？」の設問に1から5までの五段階評価で回答してもらうようなアンケートです。

こうしたアンケート調査を三ヵ月ほど続けた結果、あなたが当初は予想もしていなかった意外な原因が浮かびあがってきました。お客様の不満が「分煙していないこと」と「テーブル席が少ないこと」の二つだけに対して、突出して大きいことが明らかになったのです。

こうしてあなたは、お店を繁盛させるためには、この二つの項目の改善を優先的に行うことが必要だという「正しい判断」ができたのです。

指針4　因果関係を間違えるな！

1. 考えられる原因をできるだけ挙げよ！
2. 検証するなどして原因の候補を絞り込め！
3. とりあえず、数個に絞れた原因候補を基に対策の行動を取れ！

指針5● 何がもっとも緊急かを考えよ！

行列とマフラー

前述したように、私たちの毎日はたくさんの皿を同時に回す「皿回し」のようなところがあります。その皿回しを失敗する原因は、目配りの不足からくる優先順位の判断ミスです。

新横浜の駅ビル内の食料品店で、店員さんが仕事の「皿回し」で失敗したのを見たことがあります。

寿司パックも販売している鮮魚店で、私が新幹線車内で食べる昼の弁当を買おうと、その店にちょっと立ち寄ったときのことです。人気店で、レジには行列ができていました。駅ビル内の店ですから、乗車時間などが迫っているお客様も並んでいたでしょう。

そのレジで、支払いを終えた一人の男性客が、行列脇のロープにかけていたマフラーを置き忘れて立ち去ったのです。そのマフラーに気づいたレジの店員さんは、姿がもう見えなくなっていた男性客を追って走っていきました。

しかし、そのときレジには六、七人の行列ができていたのです。私は好奇心にかられて、その様子を脇から観察していました。店員さんがレジに戻るまで、たっぷり三分間くらいかかりました。なんと手にはマフラーを持ったままです。

待たされていた行列の先頭の女性客はとくに苛立っていたようで、戻ってきた店員さんに「なんで待たせんのよ〜」と文句を言っています。その不満は理解できます。やっと自分の番だったのに、別件が割り込んできて、三分間も待たされたのですから。ちなみに、その女性客がレジで支払い中に、マフラーを置き忘れていった男性客が戻ってきました。

近視眼的な判断

さて、マフラーを置き忘れたお客様を追いかけていった店員さんの親切心は、本来なら誉められるべきことかもしれません。ただし、それはマフラーを置き忘れた男性客の姿が見えていて追いかけた場合です。それなら行列客をほんの数秒待たせただけですんだでしょう。

しかし実際には、行列客を三分間も待たせたのですから、男性客を追いかけたのは残念ながら「判断ミス」です。

その判断ミスの原因は、まさに皿回しの失敗です。あの瞬間、店員さんの目には、マフラーを置き忘れた男性客という、たった一枚の落ちそうな皿しか見えていなかったのです。目の前のその一枚の皿に気を取られ、全体に目配りして他の皿の状況を把握することを、うっかり怠ってしまったのです。たくさんの皿の中で、もっとも優先して回転させるべき皿がどれかの判断を間違えました。目の前のことに囚われた近視眼的判断ミスの典型です。

このとき店員さんは、行列している六、七人のお客様とマフラーを忘れた男性客とで、優先順位を比較すべきでした。まだ男性客の姿が見えていて、すぐにマフラーを渡せたなら、行列していたお客様も、店員さんの親切心に拍手していたでしょう。しかし姿の見えない男性客と行列しているお客様とでは、優先順位は入れ替わります。

緊急事態に目を奪われて、もっと大切なことを忘れてしまうことは日常生活でありがちです。

常に、同時にたくさんの皿を回していることを忘れないようにしましょう。

指針5　何がもっとも緊急かを考えよ！

1. 行動を起こす前に全体へ目配りせよ！
2. 常に何がいちばん緊急かを考えよ！
3. 小さな緊急事態に目を奪われるな！

脳のいい加減な認知

コイン駐車場で芸能人たちにドッキリを仕掛けるテレビ番組がありました。

よく見かける「タイムズ駐車場」に似せて造った偽の駐車場でのドッキリです。本物のタイムズ駐車場の看板は、黄色の背景にアルファベットの黒字でTimesと書かれています。しかし、その偽駐車場の看板は、同じ黄色の背景ですがTamuraと書かれていました。ドッキリの仕掛け人であるタレントの田村淳さんの名前を書いたものです。綴りは違いますが、黒文字で書体も本物風です。

ドッキリ成功後、犠牲者になった芸能人全員に、いろいろと感想を尋ねていました。看板がTimesではなく、Tamuraであることに気づいた人は、誰一人いませんでした。

この現象は、脳のある働きを証明しているのです。

あなた自身もあなたの周囲で、これと同じような実験をもっと気軽に試すことができます。人の聴覚を利用しての簡単な実験です。友だちに次のような質問をしてみてください。

「目玉焼きに何をかけるか、人によって違うでしょ？　塩をかける人、ソースの人、醤油の人、マヨネーズの人、みたいに。ところで、トンカツ屋さんでテーブルにウースターソースとコンカツ（婚活）ソースが置いてあったら、あなたはどっちをかける？」

ほとんどの人が「ウースターソース」か「トンカツソース」と答えるはずです。「コンカツソースって何？」とちゃんと尋ねてくる人は、まずいないでしょう。

なぜ、こんな聞き違いが起きるのでしょうか？

脳の省力化メカニズム

多くの人がTamuraではなくTimes、コンカツソースではなくトンカツソースと思い込みます。これは、第2章でも紹介した脳の省力化メカニズムがもたらす脳の宿命に他なりません。脳は素早く情報処理したいため、大量の情報処理の負担をなんとか減らす様々なメカニズムを持っているのです。

たとえば、対象物が何であるかを視覚的に認識しようとするとき、脳は精査を嫌がります。「精査」とは、得られた情報を隅から隅まで詳細に検証することです。そんな面倒なことをすれば時間もかかるし、疲れてしまうでしょう。

そこで脳は、精査の代わりに過去の体験や知識を基にして「多分、こうだろう」と見当をつけてしまうのです。「仮説を立てる」と言ってもよいでしょう。脳の仕事量を大幅に減らすためです。

そして脳のもう一つのクセとして、脳は受け取った情報を曖昧《あいまい》なままにしておくのを嫌います。最終判定として、無理矢理、何らかの意味付けをしたがるクセもあるのです。たとえば、月面のクレーターの陰影が日本人にはウサギの餅つきに見えたりする現象です。判定という仕事がいつまでも終わらない曖昧な状態を脳が嫌うため、とにかく脳が何らかの意味付けをしたがる現象の一つです。

そのため、情報のすべてを詳細に分析する代わりに、とりあえず仮説を立てます。そして、その仮説が目の前の対象物とどれくらい一致するかを大雑把に比較、検証し、最終判定してしまうのです。

駐車場の造りはタイムズにそっくりです。そこで過去の経験から、脳は、早々に「たぶん、ここはタイムズ駐車場だろう」という仮説を立ててしまいます。「思い込み」が成立した瞬間です。ざっとチェックすると全体の造りや看板とその文字の書体、色は、タイムズ駐車場にほとんど一致しています。そこで仮説は誤って真実と認識されるのです。

また、ソース選択の質問をされた友だちの脳にも、「コンカツソース」という音声情報自体はちゃんと届いていたはずです。しかし、これでは意味不明なので認識が曖昧なままになってしまいます。脳はそれを嫌い、質問の文脈から、それを「トンカツソースだろう」という仮説を基に、大雑把な比較を行います。その結果、「トンカツソースと聞こえたに違いない」という最終判定をしてしまうのです。

省力化メカニズムのデメリット

本来、脳の省力化メカニズムとは、周囲を迅速に認知するために発達した仕組みです。野生動物でも人間でも生きていく上での大切なメカニズムです。しかし、情報を精査せずに大雑把な分析で済ませていることの代償として、デメリットも伴ってしまうのです。

まず、過去の経験との完全な一致を求めず、「だいたいの一致」で「同じ」と判定してしまうことです。「六五％程度の一致で同じとする」という研究者もいます。つまり、視覚的には、いつも周囲を「斜め見」しかしていないのです。

たしかに、ドッキリ番組の犠牲者たちの脳には、Timesではなく Tamuraという視覚情報はちゃんと届いていたはずです。ただし看板の綴りは、駐車場全体の様子のほんの一部分にすぎません。ですから、脳はこの小さな食い違いまでは認知できないのです。

脳の省力化メカニズムには、もう一つ別のデメリットもあります。いったん強い「思い込み（つまり、仮説）」を持ってしまうと、それが正しいことを裏付ける情報しか受け付けなくなってしまうことです。いわゆる過信状態です。

たとえば駐車場の黄色い看板のTimesとTamuraとの違いや、トンカツソースとコンカツソースとの違いの例で考えてみましょう。精査しない脳が、こうした「違い（矛盾）」を処理の過程で六五％の中に拾えなかったというミスもあるでしょう。しかしそうではなく、これらの「違い（矛盾）」の情報をたまたま六五％の中に拾えた場合でも、脳はミスを犯すことがあるのです。つまり、脳は自分の仮説と矛盾する情報を一瞬は受信しながらも、その矛盾が小さい場合、「見なかったことにしよう」、「聞かなかったことにしよう」とばかりに握りつぶしてしまうこともあるのです。

こうした脳のメカニズムの弱点のせいで、「あのパターンで対処すれば大丈夫だろう」という「思い込み」が生まれます。そのために「今度は違うかもしれない」という慎重さが働かなくなってしまうのです。

「仮説」をチェックする

では思い込みによる判断ミスを避けるには、どうしたらよいのでしょう？

それは「思い込み」が、「あくまでも仮説」だという自覚を持つことです。自分の予測が、場合によっては間違っているかもしれないということを認める心です。かえって経験豊富な人が、このパターンの判断ミスを犯しがちです。このことも、「思い込み」を自覚することのむずかしさを裏付けています。

たとえば、運転免許取り立てのドライバーは、ぎこちない運転で事故を起こすことはあっても、「いつものようにすればいいだろう」のような油断からの事故は起こしません。それに対して運転に慣れたベテランのドライバーは、「いつものようにすればいいだろう」と思い込むタイプの運転ミスを犯してしまいます。

冤罪を教訓に

「思い込み」によるミスと言えば、人間社会が犯す深刻な判断ミスに「冤罪」があります。この冤罪が発生してしまう背景として、司法の仕組みに関する構造的問題もあるでしょう。しかし、前述の通り、人間の脳は、不都合な情報に対し、「見なかったことにしよう」「聞かなかったことにしよう」とばかりに握りつぶそうとするクセがあります。こうした脳の特性も冤罪を生み出す一つの大きな原因だと私は思っています。ですから、司法での冤罪防止対策は、このような認知のメカニズムの観点からも検討される必要があるでしょう。

そして、このような冤罪から私たちは教訓を得ることができます。それは、「思い込みが強い」とは、仮説を真実と取り違えている状態だということです。真実だと確信してしまったら、別の仮説を持つこともありません。自分の判断を過信している状態です。もともと脳は、物事を精査せず斜め見しかしないとお話ししました。仮説に過ぎないことを真実だと確信してしまったら、脳の情報分析は、さらに粗くなってしまうのです。

一方、自分の予想が仮説であるとの自覚がある人、つまり、間違いの可能性をも視野に入れている人の脳は逆です。目の前の状況を分析する際、慎重になります。自分の仮説を肯定する情報が少しくらい得られたからといって、慎重な態度を崩しません。もう少し、状況の分析を続けたら、ひょっとして、自分の仮説を否定する情報も発見できるかもしれないからです。

したがって過信型、思い込み型のミスを避けるための対策は、次のようにまとめられます。

指針6　自分の「思い込み」を疑え！

1. その仮説が誤りである可能性も考えよ！
2. その思い込みは単なる「仮説」だと自覚せよ！
3. その仮説以外にも一つ、二つの仮説を持て！
4. 意識して仮説を否定する情報も探せ！

指針7　情報の信憑性を疑え！

誤解を生む悪玉単純化

たとえば、酷暑の夏には、熱中症予防のためとして「塩分」がキーワードのサプリメント類が大量に販売されます。それには、たとえばこんな理屈が掲げられています。

◆塩分補給が必要な理由
体内の水分維持には塩分を必要とする。したがって、大量の汗をかく夏の脱水症状で熱中症を起こさないためには、水分補給だけではなく塩分補給も重要である。塩分を含まない水を飲んでも、そのまま汗や尿となって排泄されてしまい、体内に水分を留めておくことはできない。

広く信じられているもっともらしい話です。しかし、じつは、これは本来の主張が過剰に単純化されたものです。つまり、私の言う「悪玉単純化」が悪さをしているのです。

脱水症状による熱中症予防策として塩分補給が大切なことを、日本で最初に提唱したのは、信州大学でスポーツ医学を研究している能勢博教授でした。能勢教授が実際に提唱している内容を正確に表現すると次のようになります。

アスリートが競技中に激しい汗をかいて脱水症状で熱中症を起こさないためには、塩分補給が重要である。

ところが、一般的に広く信じられている「熱中症予防には塩分補給を」というスローガンは、能勢教授のこの主張から傍点部分が脱落し、悪玉単純化されているのです。

たくさんの実験結果から得た能勢教授の主張は、「競技中に激しい汗をかくアスリート向け」であって、一般人向けではなかったのです。

能勢教授ご自身がテレビ番組で解説されていました。

ヒトの体には、汗をかいても、その塩分を再吸収するメカニズムがあるそうです。したがって、単純に「熱中症予防に塩分補給を」としてしまうのは間違いだと強調されていました。

暑い夏といえども、一般人が日常生活でかく汗では、塩分損失は深刻ではありません。つまり、こまめな水分補給を心がけるだけでじゅうぶんなのだそうです。

それどころか、塩分摂取過剰の害も大きくなります。一日の塩分摂取量は六g未満が望ましいのですが、日本人の平均値は、一一gとまだまだ倍近くあります。夏だけとはいえ、この状態で塩分をさらに積極的に取ることは、むしろ高血圧、動脈硬化を招き、脳梗塞、心筋梗塞の危険を増大させるだけとのことです。

もちろん、一般人でも炎天下で激しいスポーツをするような場合は、アスリートと同じく、対策として塩分補給が必要とのことです。さらに、スポーツに限らず滝のように汗が流れる状況のときも同じです。そのような場合は、塩分再吸収のスピードが、かく汗の量に追いつかず、塩分の損失が起こるからです。

このような汗は「玉のような汗」になり、舐めると塩《しょ》っぱいそうです。それに対し炎天下を歩きながら自然にかく「じんわり出てくる汗」は、舐めても塩分をそれほど感じないということです。塩分補給が必要な汗かどうか、舐めて判断するのも一つの方法とのことでした。

警戒心という本能

このように、世間の常識の中には悪玉単純化されたものも多いのです。悪玉単純化された常識を鵜呑みにしていると、もちろん判断ミスをしてしまいます。熱中症予防をしているつもりで、実際は脳梗塞、心筋梗塞への道を加速しているだけなのかもしれません。

したがって、情報を「疑う力」が必要になります。疑う力は「警戒心」とも言えます。警戒心は、自分の生命を守るために備わっている本能です。食欲、性欲などと並び、生きていく上で絶対に必要な基本能力です。その意味から、「疑う力」が弱い人は、「生命力が弱い人」と言ってもいいかもしれません。

たとえば道Aの先はどうなっているのか、道Bの先には何があるか、といった情報を基に判断します。それらの情報にウソや誤りがあったら、正しく判断することはできません。それを検証するのが「疑う心」です。何事に対しても、「本当にそうなのか?」という素朴な疑問を持つことが必要です。石橋を渡る前に叩いてみる慎重さは、決してムダではないのです。

情報の確かさは、その情報の出所や論理性など、いろいろな視点で冷静にチェックしましょう。

そして、得られた情報をあなた自身で過剰に単純化して解釈していないか、気をつけなくてはなりません。情報の中の重要な部分を誤って削《そ》ぎ落としていないか注意しましょう。

指針7 情報の信憑性を疑え!

1. 過剰に単純化された情報ではないかと疑え!
2. 自分自身でも、情報を過剰に単純化して解釈していないか疑え!

指針8 メリットとデメリットを天秤にかけよ!

情報隠蔽体質と日本文化

日本文化の特異性なのでしょうか、しばしば人々に「迅速に真実を知らせる」ことよりも「不安を与えない」ことが優先されます。必ずしも情報発信者の悪意によるものではありません。「こんなことを発表したら、不要なパニックを起こすから」という判断です。

東日本大震災での福島第一原発事故の際、SPEEDI《スピーディ》というシステムで迅速に把握していた放射能拡散予測情報をSPEEDIの所管団体は公表しませんでした。やはり「都合が悪いから隠蔽《いんぺい》しよう」という悪意からではなく、「余計な不安を与えて、人々をパニックにしてはいけない」という「善意」からでしょう。あるいは、当時、政府首脳がSPEEDIの存在をじゅうぶん把握しておらず、公表のルール自体が定められていなかったせいなのかもしれません。

一般論として、危険に関する必要な情報を国民に与えないということは、自ら危険を回避する機会を国民から奪うことにもなります。目隠しされた国民が崖に向かって歩いているとき、その国民に何も知らせてあげないようなものでしょう。

たしかに、情報公開には「不要なパニックを起こす可能性がある」というデメリットAがあります。一方、情報公開しなければ「国民が自ら危険に備えることができず、被害がかえって大きくなる」というデメリットBもあります。

したがって、本来はデメリットAとBとを比較して、デメリットAのほうが大きいことが確定した場合のみに「情報を公開しない」と判断するべきです。さらに、「情報を公開しない」と判断することは、そのことで起こりうるデメリットBに対する責任を行政側が自動的に背負うことになります。安易に情報隠蔽に走りがちな行政側は、そのことの自覚があるのでしょうか？

こう書いていくと行政への苦言のようになってしまい、私たち自身の判断力とは関係ないことのように思えます。しかし、行政の情報隠蔽体質は、じつは私たち日本人の文化的なクセと言ってもよいでしょう。

本来、危機に関する情報は、国民一人ひとりの自己責任で判断してもらうという選択肢もあります。しかし日本人は、自己責任の意識が希薄《きはく》です。公開情報が間違っていた場合、つい行政の責任を追及することになりがちです。そうした背景が、情報公開に対して行政側を萎縮させてしまうのです。ですから、危険情報に対する行政側の隠蔽体質を改善するには必要なことがあります。行政側からの公開情報が不正確だったり、誤りだったりした場合でも、行政側が免責されるという法制度や、そのことに対する国民の意識改革も必要でしょう。

情報隠蔽体質は、行政だけの問題ではなく、国民の自己責任意識の問題でもあり、日本文化の問題とも言えるでしょう。つい最近も、そのことを痛感する体験をしました。

車内アナウンスが伝えなかったこと

仕事で大阪からの帰路、新幹線に乗ったときのことです。

途中、「浜松駅で臨時停車します」という車内放送がありました。そして「浜松では、停車してもドアは開きませんので、降りることはできません」と繰り返し伝えられました。しかし、なぜ臨時停車し、どのくらいの時間、停まっているのかという知らせは一切ありません。

浜松駅に停車中も、「ドアは開きませんので、降りることはできません」と、同じアナウンスが繰り返されるだけです。その後、「もう、まもなく発車する見込みです」というアナウンスが一〇分以上の間、繰り返されました。

「もう、まもなく」という表現は、人によって「あと数秒」「あと数十秒」「あと数分」「あと一五分程度」と解釈がまちまちです。こんな曖昧な情報では、結局、何も伝えていないことと変わりありません。とくに先を急いでいる乗客にとっては、「あとどのくらいの時間、停車しているのか」ということがいちばん知りたい情報のはずです。故障の修理などで発車時刻の見通しがつかないなら、そのことを含めて乗客にありのままを知らせることが、最上のサービスのはずです。

しかし臨時停車の理由をまったくアナウンスしないので、どうやら理由を隠したいのだろうと私は感じ始めました。ということは、何か重大な故障？　爆破予告の電話が入った？　線路の亀裂が見つかった？　——などいろいろ想像してしまいました。何も知らされないので、かえって不安が大きくなりました。

車掌さんの誤った気配り

ようやく発車した後、たまたま車掌さんとすれ違ったので、「どうして浜松で臨時停車したんですか？」と尋ねてみました。すると「暴力を振るうお客様がいらっしゃいまして、すぐに我々で取り押さえたのですが、そのお客様を最寄りの浜松駅で警察に引き渡すために、臨時停車したのです」と話してくれました。

私は「どうして、そのことを車内アナウンスで乗客に知らせなかったのですか？」と食い下がりました。すると、日本列島を覆い尽くしている例の反応が返ってきたのです。「他のお客様にご不安を与えないために、お知らせしませんでした」。

たしかに、そういうアナウンスを聞いたら、乗客の一部の人は「その乱暴な客が自分の車両に逃げ込んで、自分に襲いかかるかもしれない」という不安を持つかもしれません。しかし、何も知らされなければ、そうした事態に備えることはまったくできません。私などは、そもそも、何も知らされなかったために、かえって不安が大きくなってしまったくらいです。

つまり、「乗客に不安を与えない」というメリットだけに目がいって、乗客を「不要な疑心暗鬼の不安にさらし」、さらに「危険に備える機会を奪う」というデメリット面を無視しているのです。無視というより、日本文化ではそもそも考えてみる習慣がない、との表現が正確なのかもしれません。

一枚のコインに裏表があるように、一つ一つの選択肢には、必ずそれぞれメリットとデメリットの両面があることを忘れてはいけません。判断の際は、その両面をきちんと比較検討しなければならないのです。メリットとデメリットの合算値が、その選択肢の本当の価値なのですから。

指針8　メリットとデメリットを天秤にかけよ！

1. ありのままのすべてを知らせる選択肢も見落とすな！
2. その行動のデメリット面を意識せよ！
3. その行動のメリット面とデメリット面の大きさを比較せよ！

指針9　生命の安全を最優先せよ！

楽観主義の友人

「最善の判断」とは、自分の人生にとっていちばん大切なものを選ぶことでもあります。私の会社員時代の友人の話です。勤務先企業が半年以上もかけて、ある大プロジェクトを準備していました。幸い、そのプロジェクトへの投資を検討していたある外資系の別企業があったのです。その友人は、最後の決断を促すためのプレゼンテーションをその外資系企業の役員たちにすることになっていました。

今月末がプレゼン予定日という頃、そういえば、最近あまり彼の姿を社内で見かけないことに気づきました。彼の部署の人に尋ねたところ、一週間ほど前から首の痛みで休んでいると知り、驚いて彼に電話してみました。すると、整形外科で検査してもらったら、頸椎の椎間板ヘルニヤだったことが分かり、目下、ギブスで首を固定したまま自宅療養中とのことでした。

病院のＭＲＩ検査でベッドに横たわっているときでさえ、首に激痛があって大変だったそうです。歩くときも、首を左に傾け、右手をまっすぐ上に挙げたままでないと痛いということです。

医師には「一ヵ月ほど安静にしていれば自然治癒することもあるから、しばらく様子を見ましょう」と言われたそうです。ただし、安静を怠れば、自然治癒が望めなくなり、その場合、手術しなければならない可能性もあるとのこと。さらに、その手術は、失敗すると最悪、全身不随のような深刻な事態もありうるとのことでした。

私が彼の立場だったら、相当、深刻になるところです。ところが彼はとても楽観主義者で、月末に予定されているプレゼンのため、当日だけギブスを外して相手先企業の役員会に出席するつもりだと言うのです。

ドタキャンの代償

楽観主義者の彼は、「自分に選択権のない分岐点」では、「自分に都合のよいことが起こる」と想定します。私とはまるで逆のタイプです。

彼はまず、「症状はそれほどひどくならない」と想定し、プレゼンは中止せず「その日だけ出勤して、プレゼンを行う」という選択をしました。その選択肢の先では、さらに「自然治癒する」と「手術が必要になる」という道の分岐点があります。ここでも楽観主義者の彼は、「自然治癒する」という道に進めるはずと想定しているわけです。

また、仮に「手術が必要になる」という道に進んだとしても、その先の「手術が成功」と「手術が失敗」との道に分かれる分岐点もあります。そこでも彼は、自分は「手術が成功」の道に進めると想定しているのです。

ただし、彼の楽観主義は少し底が浅かったようで、結局、「念のため」プレゼンは断念したとのことでした。そのプレゼンを代行できる者がいなかったので、プロジェクトへの投資話もなくなってしまいました。当然、社内での彼の株も急降下し、「おじけづいて仮病でも使ったのだろう」という陰口まで聞こえてきたほどです。

これほどの犠牲を払って彼が得たものは、「自然治癒」という結果でした。今でも右の首から右肩、右腕にかけて、時々ですが軽い痛みが走り、半年に一回程度、検査目的での病院通いが続いているそうです。とは言っても、日常生活や勤務にはまったく支障がない健康体を取り戻したようです。

判断の評価

さて、彼の「プレゼンを中止」という土壇場の判断は正しかったのでしょうか？

病身としては自然治癒という最善の結果でした。しかし、会社員として失ったものは小さくありません。プレゼンを決行していても、やはり自然治癒していたかもしれません。そうだったとしたら、彼にとっての最善の判断は「プレゼンの決行」だったのでしょうか？

つまり、これは結果論による評価です。

結果論での評価は、基本的には「後出しジャンケン」と同じで、誤りです。結果を見てから、「あの判断は正しかった」とは言えません。論理矛盾だからです。なぜなら、「どの選択が正しいか」という判断を求められるのは、判断を下す「前」であって、判断を下した「後」ではないからです。私たちが判断する際に欲しいのは、自分の目前の各選択肢に関する事後評価ではなく事前評価だからです。

したがって、仮に「プレゼンを決行する」の選択肢を選び、その結果、「プロジェクトは成功」さらに、「手術が不要で自然治癒」という最良の結果にたどり着いたとしても、それでも、「プレゼンを決行する」の選択肢は間違っていた、ということになります。事後評価に基づく結果論が、判断の評価を変えることはありません。ですから、将来、彼が再び似たような状況に置かれた場合、彼が選ぶべき正しい選択肢は「プレゼンを中止する」であることに変わりありません。

彼の「プレゼンを中止すべきか、決行すべきか」という判断を下すためには、じつは別の基準もあります。それは「人生の優先順位」です。つまり「プロジェクトの成功」と「自分にとっていちばん大切なもの」とを天秤にかけるのです。そうなれば、答えは自ずと明らかでしょう。

もし「プロジェクトの成功」が「自分にとっていちばん大切なもの」なら、これに賭けることが正しい判断になります。そうでないのなら、ほんとうに「自分にとっていちばん大切なもの」を選ぶのが正しい判断になるはずです。「自分にとっていちばん大切なもの」と絶対的に言えるものは、生命の安全、もしくは、健康のはずです。生命の安全や健康を脅かすものが自分にとっていちばん大切なものであるはずがありません。

しかし私たちは、日々の生活に追われていると、どうしても、目の前の小さなことが大きく見える錯覚に陥ります。「風邪の高熱が全然下がってないけど、今日も病欠すれば同僚のみんなに迷惑がかかってしまう。出勤すれば深夜まで残業だろうな〜」、「原因不明の咳がもう三ヵ月も続いているけど、今がいちばん忙しい時期だから、平日に大病院へ行って検査してもらう余裕がない」などなど。こんなとき、職場に迷惑をかけることで自分の評判が下がることなどに目が行きがちです。この錯覚がときとして「手遅れ」のような大きな判断ミスを招くのです。人生にかかわるような重要な判断を迫られたとき、「自分の命や健康より大切なものがあるだろうか？」と冷静に自問してみましょう。

指針9　生命の安全を最優先せよ！

1. 人生でいちばん大切なものを見失うな！
2. 目先のものを過大評価するな！
3. 命とどっちが大切かを考えよ！

指針10 「交通事故の確率」は無視せよ！

ありうる最悪のケース

　ここでは、指針9の「生命の安全を最優先せよ！」とは一見、矛盾するお話をします。先にお話ししたように、私の会社員時代の友人は、プレゼンを決行するという判断を土壇場でひるがえしました。後日、詳しく聞くと次のようないきさつがあったそうです。

　彼は担当医に、こう言われました。「もし、その日だけ出勤してプレゼンを決行するという無理をすれば、それが原因で手術しなければならなくなる可能性は一〇％ほどでしょう。確率ゼロではありません」と。そして、さらに「あなたのヘルニヤは頸椎の中でも危険な場所にあります。ですから、現在の医療レベルでも残念ながら、手術によって全身不随になるような事故の確率がゼロとは言い切れません。五％ほどは覚悟しなければなりません」とも説明されたそうです。

　つまり「プレゼンを決行する」という選択肢を選んだ場合、その先の分岐点で、やはり「手術になる」や「全身不随になる」という「最悪のケース」がありうると説明されたのです。

そこで彼は、悩んだあげくにプレゼンの中止を決断したのです。

もしも「自分に選択権のない分岐点では最悪のケースを想定せよ」という鉄則で判断すれば、「プレゼンを中止する」という彼の判断は、やはり正しかったことになります。

しかし、読者の皆さんの中には直感的に「それは違うのでは？」と違和感を覚える方もいらっしゃるでしょう。「その程度のリスクなら、私だったらプレゼンを決行する」という方です。それでは、「自分に選択権のない分岐点では最悪のケースを想定せよ」という鉄則は誤りなのでしょうか？

いいえ、この鉄則の表現には若干の限定条件が欠けているだけなのです。この鉄則の中の「最悪のケース」に「ありうる」という限定条件をつけてください。

では「ありうる」とは、どういう意味なのでしょうか？

九〇〇万人に一人なら？

通常、私たちは確率が限りなくゼロに近いケースは除外して判断します。

第1章でも書いたように、たとえば毎朝「出勤する」と「出勤しない」の選択肢があります。

そして「出勤する」の先には「交通事故で死ぬ」という最悪のケースもありえます。確率ゼロではありません。二〇一〇年の日本の年間交通事故死者数は、人口一〇万人あたり約三・八人、つまり、ある一日にあなたがその中の一人になる確率は、多めに計算しても、ほぼ九〇〇〇万分の一程度の確率になります。出勤のために外出すれば、飛行機から外れた部品が頭上に落ちてくるという事態も、確率ゼロではありません。

したがって、単純に文字通り「最悪のケースを想定せよ」を守るなら、交通事故の確率が非常に小さいとはいえ、あなたは「出勤する」の選択肢は選べないことになってしまいます。しかし私たちは、交通事故で死ぬ確率は「限りなくゼロに近い」と想定して迷わず出勤しているのです。

そこで、再びプレゼンを中止した友人の判断を考えてみましょう。

医師の説明では「プレゼンを決行する」を選択しても、手術しなければならなくなる確率は一〇％程度、その手術が失敗する確率は五％程度でした。プレゼンを決行した場合、最終的に全身不随になる確率は、この二つの確率の積になります。つまり「プレゼンを決行する」の選択肢を選んで、全身不随になる確率は二〇〇分の一程度です。

そうなると「プレゼンを決行する」の先に潜んでいる「全身不随」という事態は、交通事故並みに小さい確率と考える楽観主義の人もいるのかもしれません。そう考える人には、彼がプレゼンを中止したことは、「交通事故で死ぬかもしれないから出勤しない」のような愚かな判断に思えるのでしょう。つまり、プレゼン中止の判断に強い違和感を覚えるはずです。

私たちは、「交通事故で死ぬ」などの確率が小さい「最悪の事態」は、通常、想定しません。第1章の31ページで述べたように、私たちは無意識のうちに、様々なリスクを「境界確率」で、「無視できるリスク」と「無視できないリスク」とに線引きしているからです。恐らく、プレゼンを中止した私の友人は私同様、境界確率を二〇〇分の一よりずっと小さく設定しているはずです。つまり、私にも彼にも、二〇〇分の一という確率は、交通事故死の確率とは比較にならないほど大きな確率なのです。そんな彼でも、さすがに交通事故死の確率である九〇〇万分の一は「限りなくゼロに近い」として毎朝、無視しているはずです。

悲観主義者の悩み

境界確率を大きく設定する人が楽観主義者で、小さく設定する人が悲観主義者です。

たとえばインフルエンザ・ワクチン接種にはいろいろな副作用のリスクがあります。

楽観主義者はリスクの境界確率を大きく想定しています。すると副作用のリスクは自分が設定している境界確率より小さいから無視できると判断して、予防接種を受けるでしょう。一方、悲観主義者は境界確率を小さく設定しています。すると副作用のリスクは境界確率より大きくなるので無視できず、予防接種を避けると判断するでしょう。

ただし悲観主義者には悩みがつきまといます。副作用のリスクを避けて予防接種をしないという選択をした先には、インフルエンザに感染して、それが重症化するかもしれないという別のリスクが待ち受けているからです。悲観主義者は、このリスクも彼の小さい境界確率を上回るでしょうから、やはり無視できないリスクになるはずです。

境界確率をある程度大きくしないと、さまざまなリスクが検討対象に入ってきて頭が混乱します。こうしてなかなか判断できない状態が、いわゆる「優柔不断」です。

優柔不断の回避策

「ワクチンの副作用事故」というリスクと「インフルエンザ重症化」というリスクとの間での優柔不断。つまり、道が左右に分かれている分岐点で、右の道に進めばクマに、左に進めばトラに遭遇する危険がある、というような状況に喩えられるでしょう。道を戻るという選択肢はないので、こうした状況では、悲観主義者はなかなか判断がつかないことになります。つまり、優柔不断になるのです。こうした状況での優柔不断から脱出するには、これから紹介する数値化による

合理的判断しかありません。

つまり、一見、直感的には恐怖で萎縮してしまうようなこうした状況での判断ルールも、じつは意外に単純です。各選択肢の損失の期待値（損失予想値）を計算し、それがいちばん小さい選択肢を選べばよいのです。つまり、危険度の観点から、よりマシな選択肢を選ぶわけです。

たとえば、先ほどの喩えである、右の道に進めばクマ、左に進めばトラに遭遇する危険がある、という分岐点で計算してみましょう。本書では、危険に遭遇する「確率」と、遭遇した場合、その危険がもたらす「被害の大きさ」との積を「損失予想値」と呼ぶことにしましょう。

右の道でクマに遭遇する確率をk、クマに遭遇した場合の被害の大きさをKとし、トラの場合のそれぞれをtとTとしましょう。このとき、kとKの積であるkK、tとTの積であるtT、つまり、それぞれの道の損失予想値を比較すればよいのです。

たとえば、tTのほうが大きければ、トラと遭遇する危険がある左の道に進むほうが、危険がより大きいことになります。つまり、トラの損失予想値のほうが大きいわけです。すなわち、どちらの道も気が進まないけれど、クマが出る可能性のある右の道を選択したほうがマシ、という結果になります。

もう一つの優柔不断

悲観主義型の優柔不断を取り上げたついでに、全く別のタイプの優柔不断のこともお話ししておきましょう。「ないものねだり型」とでも呼ぶべき優柔不断です。

ローンを組んでも二〇〇〇万円しか用意できないのに、いつまでも五〇〇〇万円のマンションを欲しがってグズグズしている人がいます。あるいは、許される判断時間が限られているのに、完璧な判断をしようとして、いつまでも決められないでいる人です。

一般論として、予算によって、得られる商品の品質にもランクがあります。同様に、持ち時間によって、得られる判断結果の品質にもランクがあります。予算が豊富なら、より高級なマンションが買えるでしょう。同様に、じっくり考える時間があるほど、より正しい判断結果、つまり質の高い判断結果を期待できるはずです。

しかし時間が限られている状況では、判断品質の多少の低下は受け入れなければなりません。予算で買えない商品をいつまでも欲しがっているのはやめて、分相応の商品で我慢しましょう。同様に、時間が限られているときは、その限られた時間内でできる分相応の判断結果で我慢しましょう。それをできないのが「ないものねだり型」の優柔不断なのです。

指針10 「交通事故の確率」は無視せよ！

1. 自分にとっての「境界確率」を設定せよ！
2. 実生活では交通事故程度のリスクは無視せよ！
3. 複数のリスクにつながる分岐点では、「損失予想値」が最小の選択肢を選べ！
4. いつまでも完璧な判断結果を追い求めるな！

指針11　小さな確率に備えよ！

万一に備えよ

指針10では「『交通事故の確率』は無視せよ！」とお話ししました。しかし、このことで「確率の小さいことは何でも無視してよい」と解釈されては、とんでもない誤解です。たしかに日々の交通事故死のように、確率が九〇〇万人に一人にしか起こらないようなことは、通常の人の「境界確率」以下のはずです。つまり、「ほとんどありえないから無視してよい」でしょう。

一方、日常生活では「万一に備えて」とよく言われるように、滅多に起こらないけれども、「万に一つ」の小さな確率に備えることは重要です。公的な防災計画などではもちろん、私たちの日の判断でも非常に大切な指針なのです。ですから、二〇〇分の一のリスクを伴うプレゼンの中止を決断した前述の私の友人の判断は正しかったことになります。

繰り返しになりますが、「判断」とは自分の目的地にたどり着きたいから行うものです。たとえば、「この仕事を絶対に成功させてやるぞ！」というのもりっぱな目的地です。その目的地にたどり着くために、途中に潜んでいる危険の芽をあらかじめ摘んでおくことが大切なのです。

たとえば、あなたには来週、出張して商談をまとめるという大事な仕事があったとします。「商談成立」という目的地までに潜んでいる危険の芽とは何でしょうか?

出張先の訪問日を間違えている。飛行機の予約日を間違えている。出張当日、空港への交通機関が動かない。天候が荒れて飛行機が飛ばない。出張中に持参資料が盗難に遭う。出張前日に高熱のインフルエンザを発症する……などなど、いくつも考えられます。

どれも「万一」の事態ですから、「そんなことを考え出したらキリがない」と思う方も多いでしょう。しかし、そう思って備えをしておかなければ、仕事の成功率は、ちゃんと備えるタイプの人に比べて、その分だけ低くなるはずです。

周到な手配

「万一に備える」とは、具体的には二つの対策にまとめられます。

一つ目は、小さな確率の危険を確認等によって、さらに小さな確率に下げる努力をすることです。横断歩道を渡る際、左右をよく確認して交通事故の確率を下げるような行為です。「小さな危険の芽」を、こまめに摘み取るのです。

そして二つ目の対策は、事故が起きてしまった場合の対策を準備しておくことです。自動車保険に入っておく、なども一つの例でしょう。

私は研修会などの講師として、たびたび地方に出向きます。そうした場合には、遅刻したり研修の資料などを忘れたりすることは許されません。そのために、さまざまな「万一の備え」をしています。

たとえば、出張先のホテルには、必ず、チェックインの前日に電話をかけて予約の確認をします。万一、ホテル側が予約の処理をミスしていてはいけないからです。あるいは、私が間違えてインターネットで別の日を予約している可能性もあります。しかし、電話確認することで、そうした小さなミスがあっても事前に発見できます。

また、チェックイン前日を配達指定日にして、ビジネススーツ類や洗面具などを詰めたカバンをホテルに事前に送っておきます。配達指定日をチェックイン当日ではなく、チェックイン前日にしている理由は、万一、配達ミスがあった場合、宅配便業者に連絡して再配達してもらう時間を確保するためです。当然、カバンが無事に配達されているかどうかもチェックイン前日に宅配便業者のサイトで調べたり、ホテルに電話したりして確認します。

一方、研修会で使う資料や道具類は、もちろん、ホテルに送るカバンには入れません。カバンが届かなかったり紛失したりするという万一のケースを想定しているからです。仮にそういう事態が起こっても、講師道具一式だけは持参するカバンに入れてあります。ですから、最悪、出張の移動中に着ている軽装で、少なくとも講師を務めることだけはできます。また研修会ではレーザーポインターを使うのですが、これも万一の故障に備えて、予備のレーザーポインターや新品の電池も持参します。

フェイルセーフ

私のこうした判断は、フェイルセーフという考え方に基づいていて、日常生活での判断指針の一つにしています。フェイルセーフ（fail-safe）とは、フェイル（失敗）したときでもセーフ（安全）な状態を保つという思想です。フェイルセーフの理念を一言で言えば、「万一の異常事態が起こっても大丈夫」というような感覚です。

たとえば、自動車なら走行中にエンジンが故障しても、スーッと止まるだけです。しかし飛行機が故障したら墜落してしまいます。そのため飛行機にはフェイルセーフの設計思想が徹底され

ているのです。
一例を挙げれば、飛行機の尾翼は通常、油圧でコントロールされています。つまり、コックピットにいるパイロットが尾翼レバーを操作すると、その操作が油圧によって尾翼に伝えられ、パイロットの意思通りに尾翼が動くのです。
しかし、その油圧系が何らかの故障で働かなくなってしまうという万一の最悪のケースが想定されています。そのような場合、尾翼をコントロールできる代替メカニズムがあらかじめ用意されています。ですから、万一の最悪のケースでも、やはり、パイロットは尾翼を思い通りに操作できるのです。
油圧系が故障する確率を仮に一万分の一とし、さらに、油圧系に代わる代替メカニズムのほうが故障する確率も一万分の一としましょう。だとすると、尾翼をまったくコントロールできなくなる最悪の事態に陥る確率とは、油圧系と代替メカニズムの両方とも同時に故障する場合です。その確率は、それぞれが故障する確率の積である一億分の一になります。毎朝、出勤途中に交通事故死する確率（九〇〇万分の一）よりもはるかに低くなり、ほぼ無視できるわけです。

「絶対、事故を起こさないぞ！」という強い理念がフェイルセーフの思想なのです。私たちが「絶対、この仕事を成功させてやるぞ！」という目標に向けて行う、数々の判断のよい参考になります。判断ミスとは、何か間違った行動を取ることだけではありません。「必要な対策を取らない」ことで失敗してしまうという判断ミスもあるのです。

指針11　小さな確率に備えよ！

1. 自分の道を阻む小さな危険の芽をリストアップせよ！
2. 最悪の事態が発生する確率を下げる努力をせよ！
3. 最悪の事態が起こってしまった場合にも備えておけ！

指針12 臨機応変に判断せよ！

マニュアルを超越した「正しい判断」

二〇一一年三月一一日の東日本大震災の日に、東京ディズニーランドのスタッフがとった規則破りの行動が報道されていました。ディズニーランドでは、通常、マニュアルを守ることが厳しく求められています。ディズニーランドのマニュアルは特に災害のケースをも想定して作られ、普段から防災訓練が繰り返されていることでも有名です。しかし、そのマニュアルといえども、実際の災害時に必要なすべての詳細な行動が規定されているわけではありません。

しかし、震災当日、従業員の方々はマニュアルには規定されていないようなことに対しても、適切な判断をしたのです。

場内で避難している子どもたちに、「頭を守ってください！」と商品の縫いぐるみを防災ズキン代わりに配りました。またゴミ袋用のビニール、段ボールなどを被る様子を見せながら、「こうして防寒してください！」と、ビニール袋などを大量に配ったそうです。

上司の許可なく商品や備品を客に無料提供することなど、通常ならば論外の規則違反です。もし、単純にマニュアルに囚われていたら、避難してくる人たちに「そこは立ち入り禁止です!」とか「ビニール袋を勝手に持ち出しては困ります!」などと対応していたでしょう。

しかしあのとき、ディズニーランドのスタッフたち全員がいちいち上司の許可を求めていたわけではありません。現場にいる自らの判断で、余震と極寒の中で最善の行動を取ったのです。それが行えたのは、現場のスタッフがマニュアルに書かれている細かい規程に従って動いたからではありません。そうではなく、防災訓練などの際、マニュアルなどが最終的に目指している「すべてはゲストの安全と安心のために」という究極の理念を繰り返し教えられていたからなのです。

マニュアルのルールは「中間目標」

第1章の34ページで、閑散時なのに、お客様をテーブル席からカウンター席へ移動させてしまったレストラン店員のお話をしました。そこで述べたように、ルールが記載されたマニュアルや上司の指示などは、あくまでも最終目的地に到達するための中間目標なのです。

もちろん、多くの場合、その中間目標を目指して行動していれば問題は起きません。しかしと

きおり、その中間目標を目指す行動が、かえって最終目的地への遠回りになることがあります。レストラン店員がしてしまったマニュアル通りの接客が、まさにこれです。

そもそも閑散時にテーブルに一人客を座らせることには、何のマイナス面もありません。それどころか、一人客にとって、テーブル席はカウンター席より満足度が高くなります。一人でも満足して帰ってもらえれば、次回も利用してもらえるでしょうから、むしろ「お店の売上げを伸ばす」という最終目的に合っています。

つまり、場合によっては、マニュアルで定められているルールを臨機応変に破ったほうが、かえってマニュアルが目指す最終目的地への近道だったりするわけです。そうした例外的な事態に気づける柔軟な思考が判断には必要です。

ルールとは、ある目的を指し示す「指先」のようなものです。ルールが目指す目的を考えずに盲目的に従うのは、指先が指し示す「方向」ではなく、目の前の「指の形」だけに注視しているようなものです。指先を見つめるのではなく、ディズニーランドのスタッフのように、常に指先が指し示す最終目的地が何かを考えて判断しましょう。

指針12　臨機応変に判断せよ！

1. 上司の指示やルールの本当の理由を考えよ！
2. 目指すべき本当の目標を考えよ！
3. 状況に合わせ、時にはルールや指示を無視する判断をせよ！
4. ルールや指示には、例外的な事態がカバーされていないことを認識せよ！

指針13●他人の価値観に流されるな！

助言の功罪

思い悩んで第三者に相談すると、一人で考えているのとはまったく違う選択肢に気づかせてくれることがあります。一人で考えていると、とかく近視眼になり、別の選択肢に気づけないことが多いからです。

悩んでいる本人より、まったく利害関係がない他人のほうが冷静に状況を見極められるので有効な助言ができるわけです。しかし逆に、他人に相談したり他人の視点で判断したりすることが、デメリットになることもあります。

考えてもみてください。あなたとは人生の目的や価値観がまったく異なる人が、「あなたにとって」最善の判断を助言できるのでしょうか？　何が最善かは、人生の目的や価値観によってまったく違うからです。

「共有する価値観」という洗脳

さらに注意してほしいことがあります。

他人に助言を求めず、一人で考えているつもりでも、社会一般の常識的な価値観を、あなたが自分自身の価値観だと勘違いしていることも多いのです。極端に言えば、人は誰でも洗脳されています。

ただし、このこと自体は悪いことではありません。洗脳という状態は、何もカルト教団の専売特許ではありません。私たちの社会を維持するには、ある程度、価値観を共有する必要があります。どんな規模の集団、組織、社会でも、そこに所属する人々は、その集団、組織、社会の価値基準に多かれ少なかれ洗脳された状態にあります。接着剤としての「洗脳」がなければ、そもそもどんな集団も成り立たないからです。

このような「広義の洗脳」を定義すれば、「慣れのため、ある価値基準に対して思考停止状態になり、それを当然のこととして受け入れ、その結果、批判精神を失っている状態」と言えるでしょう。

たとえば日本では、残業の常態化に誰も何の疑問も感じず、当たり前のように受け入れていま

す。多くのアメリカ人は、市民が自衛のために銃を持つのは当然の権利だと考えています。いずれも、長い間の習慣に洗脳されているとも言える価値観です。

脳の省力化メカニズムの一つとして、外部から取り込む信号の中で、とくに変化する部分に注力して解析する特徴があります。逆に言えば、変化しない信号に脳は反応しなくなるのです。なぜなら、脳が受け取る信号のすべてを常に解析することは、膨大な労力を必要とし、事実上、不可能だからです。脳が変化する信号だけに優先的に注力し、処理することは、危険をいち早く察知するメカニズムとしても必要なことです。人間に限らず、野生動物でも、いきなり飛び掛かってくる敵に瞬時に気づくために、こうした脳のメカニズムが発達してきたのでしょう。

悪臭のこもる部屋に長時間いると、やがて嗅覚が麻痺してその悪臭を感じなくなります。まったく同様に、生まれたときから囲まれている環境は変化しないので、人間はそうした環境に対し、思考停止状態になりがちです。

異なる価値観

いったん洗脳されてしまうと、社会が自分に求める価値観と、自分自身の本当の価値観との区別がつきにくくなります。たとえばあなたは、次の二つを混同していませんか?


価値観【1】「私は幸せだ」と思う状態。

価値観【2】他人に「あの人は幸せだ」と思われる状態。


この二つは似ているようですが、じつはまったく別の状態です。

たとえば裕福で、すてきな家族がいて、健康で、社会的地位もある……という人は、端から見

れば幸福な境遇です。もちろん、このような境遇を実現すれば、本人も幸せだと思うことが多いでしょう。しかし、ひょっとすると当人は「私が望む人生は、このようなものではなかった」と不満なのかもしれません。

反対に、貧乏で、孤独で、病気がちで、社会の底辺に生きる境遇で、端から見れば不幸な状態でも、本人は「私は幸せだ」と感じているかもしれないのです。

ちなみに、こう書いてくると、人生観のように重い話と思われるでしょう。しかし、そうではありません。もっと軽く表現すれば、価値観とは単なる「好き嫌い」のことです。あなたが夢中になっている趣味は、他人にはバカバカしく見えるかもしれない、ということです。

そこで他人に助言を求めたり、他人に助言したりする場合は、この「1. 自分の基準での幸せ」と、「2. 他人の基準での幸せ」との違いをはっきり区別する意識を持つことが大切です。

他人の基準は、いわば「既製服」です。その服にサイズがぴったりと合う人は幸せです。しかし人の体のサイズは本来バラバラで、中にはサイズの合わない人もいます。そんな人が既製服を着たら、どんなに一流ブランドの服でも、違和感を覚えるはずです。

助言をもらった場合は、「好き嫌い」を含めて、それが本当に自分自身の価値基準に合っているのか、それとも他人の価値基準なのかを、もう一度、自問してみましょう。

指針13 他人の価値観に流されるな!

1. 他人の助言に盲従するな!
2. 自分の本心なのか、社会の洗脳なのかを区別せよ!
3. 社会常識を疑え!

指針14 遠い昔の判断ミスを気にするな！

過去の判断は簡単に「評価」できない

ああ、どうしてこんな男と結婚してしまったんだろう⁉　どうして人生でいちばん大切な判断を間違えたんだろう⁉　などと内心、密かに嘆いている読者はいませんか？　つき合っているときは私の話もよく聞いてくれたし、体形も細身の筋肉質で理想の彼氏だったのに！　今はお腹も出ていて髪も薄くなり、休日はテレビの前でごろ寝ばかり。私が話しかけても、いつも上の空！

やっぱり、恋愛の延長で結婚したことが間違いだったのかなぁ。

あの時、親の紹介で嫌々お見合いしたあの人と結婚したほうがよかったんだろうか。弁護士という肩書きはりっぱだったけど、ルックスが今一つだったあの人。会話もまったくはずまなかったし、お見合い中から内心で「無理！　無理！」と、すぐに却下していたあの人。噂によれば、あの人は今、一等地の高層ビル内にある弁護士事務所を経営しているらしい。お抱えの若い弁護士も四、五人はいるという決して小規模な事務所ではないらしい。ああ、あのとき判断を間違え

たのかなぁ、と密かに後悔している人はいませんか。

はたして、あなたの判断は間違っていたのでしょうか。もし、あなたが、昔々、彼氏を振って、その弁護士と結婚していたなら、後悔はしなかったのでしょうか。弁護士と結婚することが正しい判断だったのでしょうか。

人生の分かれ道で迫られる重大な判断は、私たちを悩ませます。過去の判断を悔やんでいるだけでは進歩がありません。もし、過去の判断に誤りがあったのなら、その経験から「どうして間違えたのか」という教訓を学び取り、今後の重大な判断に役立てたいものです。

まず、自分の人生、どこかで判断を誤ってしまったと感じている読者は多いでしょう。しかし、「過去の判断を評価する」ことは容易なことではありません。さらに、過去のある判断を評価することで今後の教訓を得ようとすることは、じつは非常にむずかしいことです。読者の皆さんが混同しないように、より正確に表現しましょう。過去の判断の「成功・失敗」を評価することは可能です。しかし、過去の間違った判断から将来への教訓を導き出すことは必ずしも簡単ではありません。

「点の評価」でなく「線の評価」を

過去のある時点での判断以降、その判断から起因して様々なことが起こります。そして、今の状況、つまり、現在地があなたにとって非常に嬉しくない状況だとしましょう。その場合、その現在地に導いた過去の「あの判断」は恐らく誤りだったと思えるかもしれません。

あなたの現在地は、休日、ごろ寝ばかりであなたの話し相手にもなってくれないご主人との生活です。この現在地に導いた過去の「あの判断」とは、お見合いした弁護士との結婚を断わったことです。こうしたデータだけで、あの判断が間違いだったと結論できるのでしょうか。そして、今後の判断に役立つ何らかの教訓を学べるのでしょうか。

過去の誤った判断から今後に役立つ教訓を得ることのむずかしさには、以下の四つの理由があります。


【1】判断していた過去の時点と現在とで、判断者の価値観が変化する。つまり、好みが変わる。

【2】過去の判断から現時点までの状況を現在の価値観だけで評価することはできない。

【3】過去の判断以降に明らかになった数々のデータは、過去の判断時には、分かりようがなかったものである。

【4】過去に違った判断をしていた場合にたどり着いたはずの架空の現在地が、今の現実の現在地よりマシという保証がない。


第2章の64ページで述べたように、価値観は判断の土台です。つまり、判断は好みの問題です。結局、判断の本質とは、今日、着ていく服を選ぶようなものです。【1】で意味していることは、過去に判断している時点と、過去を振り返っている現在とでは、あなた自身の価値観、好みが変化しているということです。結婚を決めたとき、あなたが一番好きだったのは、当時、筋肉質で細身だった現在のご主人だったはずです。ルックスも好きだったはずです。しかし、現在のあなたの価値観では、夫に社会的ステイタスも求めるように変化したわけです。つまり、細身から中年太りに変化したご主人だけではなく、あなた自身の価値観も変化してしまったのです。時間と共に価値観が変化してしまったことは、「昔の判断」の責任ではありません。また、価値観の変化は予測不能です。

仮に、結婚適齢期の若い頃に、「将来、主人のルックスだけではなく、社会的ステイタスも重視するはず」と予測可能であったと仮定してみましょう。だとしても、その「重視するはず」は、将来に起こることであって、結婚当初ではありません。【2】で述べているように、現時点の価値観だけで「結婚」という全体像を評価することはできません。結婚生活は、現在だけの「点」ではありません。新婚ホヤホヤ時代から現在に至るまでの「線」なのです。ごろ寝ばかりしているお腹の出たご主人に嫌気がさしているのは、現時点での「点の評価」でしかありません。筋肉質で細身なご主人との結婚生活を幸せに感じていた時期もあったはずです。そういう時期を含めた結婚生活全体を「線の評価」することが正当でしょう。

しかし、場合によっては、たとえ「線の評価」をしても、結婚生活が失敗だったと思うケースもあるかもしれません。恋愛中には気づけなかった夫の酒癖の悪さを新婚当初から悩んでいたということもあるでしょう。しかし、こうした過去の判断後に明らかになるデータで過去の判断を誤りだったと評価することは、簡単なことです。後出しジャンケンだからです。しかし、【3】で述べているように、現実の判断では、後出しジャンケンは不可能です。つまり、現実の判断では、多くの不明要素が含まれているという条件は今後も変わりません。このような意味から、過去の判断を誤りと評価した経験を将来の判断の教訓とすることはなかなかむずかしいのです。

さらに、【4】の意味を説明しましょう。「あのとき違った判断をしていれば」、現在はもっとよかっただろう、という推測が正しいとは限りません。つまり、過去の「あの判断は間違っていた」とは簡単には言えません。あなたが弁護士と結婚していた場合を想像してみるのです。その弁護士との新婚当初から現在に至るまでの「線の評価」、つまり、総合評価が現在の結婚生活の総合評価より上回っている保証はどこにもありません。その弁護士は自宅では異常なマザコンなのかもしれません。現時点の点の評価だけで、「一見」、あちらのほうがよさそう、と見えるだけの「隣の芝生は青く見える」現象に過ぎません。過去のあなたの判断が間違いだったと結論するには、根拠薄弱です。

過去の判断が正しかったのか誤りだったのかを考えるとき、現在地だけを「点の評価」として参考にすることは誤りだと述べました。代わりに、その過去の判断時点から現在に至るまでの人生全体を「線の評価」として考えるべきだと述べてきました。
　しかし、人生の重大な分かれ道だけに関しては、過去の判断がよかったのか悪かったのかは、じつは、そもそも現時点では決められないのです。なぜなら、自分の人生に対する「線の評価」の長さが不十分だからです。人生がまだ終わっていないからです。今日は、まだドラマの最終回ではなく、「来週に続く」だからです。誤っているように見える過去のあの判断も、今日は、「一見そう見える」だけなのです。過去の判断がよかったか悪かったかの印象は、日替り定食くらいに考えたほうがよいでしょう。最終判定は最終回の臨終のときまで持ち越しにしましょう。「塞翁《さいおう》が馬」や「災いを転じて福となす」の諺も教えてくれています。過去の判断ミスに対し、いたずらに落ち込まず、「明日は明日の風が吹く」のようなおおらかな気持ちで生きることも大切です。

指針14　遠い昔の判断ミスを気にするな！

1. 過去の判断ミスにクヨクヨするな！
2. 「災いを転じて福となす」の精神で過去の判断ミスは、これから挽回せよ！
3. 現状を評価する際、「点の評価」ではなく「線の評価」で行え！

第4章

「判断チャート」で考えよう

判断チャートの活用

本書では、何度となく、判断の状況を「分岐点の図」にして考えてきました。このような図を「判断チャート」と呼ぶことにします。

複雑な問題を頭の中でモヤモヤと考えているだけでは危険です。適切な判断に必要な「皿回しのすべての皿」に目が届かず、必ず、見落としが生じるからです。判断チャートで、現状を「見える化」することは、冷静な判断をするための第一歩になるはずです。

今日の昼食は何を食べようかというようなときに判断チャートを使うとしたら笑い話でしょう。しかし、人生の重大な分かれ道に立ったような場合、あるいは、日々の仕事での重要な意思決定の際、現状を整理し、正しく判断するのに役立つはずです。すべての判断に適用できるわけではありませんが、ぜひ判断チャートを試してみてください。

この章では判断チャートの作り方と利用方法を解説することが目的です。ですから、分かりやすくするため、想定した状況はきわめて単純にモデル化しています。しかし、チャートの作り方と利用方法の基本はご理解いただけると思います。

三つの分岐点から選ぶ

三〇歳代前半の会社員のあなたは、転勤命令を受けました。転勤先で三年間頑張れば昇進する可能性が大きい、いわば栄転なのですが、いろいろ迷うことがあります。

まず、転勤は妻や子どもに負担を強います。仲良しの友だちと別れさせ、何かと不慣れな土地に連れて行くことは避けたいところです。しかし家族との絆や一人暮らしの苦労を思うと、単身赴任する気持ちにもなれません。また以前から、担当の営業職に限界を感じていました。転勤先でも営業職なので、その点からもやはり気が進みません。

しかし転勤を拒否することはできない社風です。そこで転職も視野に入ってきました。

さらにもう一つ、実家の家業を継ぐことも考えるようになりました。じつは、以前から父親に打診されていました。家業の様子は子どもの頃から身近に見てきたので、自分が継いだ場合のおおよその経営イメージはあります。

つまり、今あなたには「転勤命令に従う」、「転職する」、そして「家業を継ぐ」という三つの選択肢があります。他にも選択肢があるかもしれませんが、多すぎると判断ミスを誘います。

そこで、この三つのどれを選ぶべきかを、「判断チャート」で考えていきます。

判断チャート作りのルール

まず、図4－1をご参照ください。判断チャート作りのルールは次の通り、とても簡単です。

◆判断チャート作りのルール
★ルール1　自分に選択権のある分岐点は白丸で示す。
★ルール2　自分に選択権のない分岐点は黒丸で示す。
★ルール3　その段階での評価点を入れる局面は長方形で示す。

最初に現在地を表す白丸を左端に描き、そこでの選択肢を矢印として右方向に描きます。矢印の先がさらに分岐するなら、自分に選択権があるかないかで黒丸か白丸を描きます。分岐がなく、そこでこの選択肢の評価を決める場合は長方形を描きます。

徹底的に先読みしていくと、永遠に分岐点が続いてしまいますから、現実的には適当なところで打ち切る必要があります。そこですべての分岐の先を最終的にはどこかで、評価点を与える長方形にします。

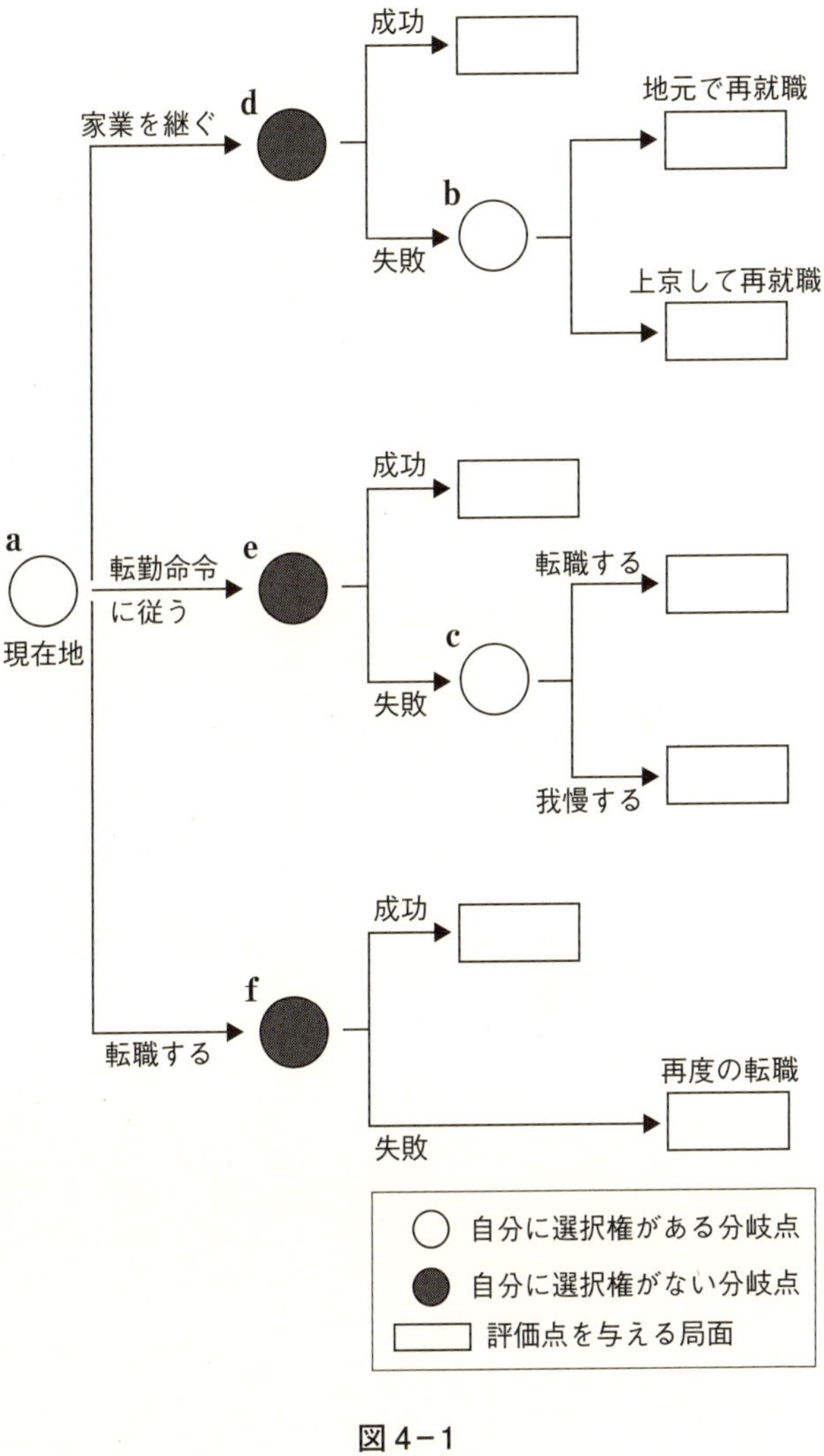
成功
家業を継ぐ
d
地元で再就職
b
失敗
上京して再就職
成功
a
転勤命令
に従う
e
転職する
現在地
c
失敗
我慢する
成功
f
転職する
再度の転職
失敗
自分に選択権がある分岐点
自分に選択権がない分岐点
評価点を与える局面

図4－1

チャート作りの実際

このルールに従って、先ほどの「転勤か転職か、それとも家業を継ぐか」の判断チャートを作ってみましょう。具体的には、図４－１の右側にある八つの長方形に評価点を記入することになります。

何点にするかは「あなたの価値観」によります。家業で成功することと転勤先で成功することの、どちらを高く評価するかは、まったく個人の問題です。家業で失敗することと転勤先で失敗することとの、どちらを低く評価するかについても同じです。選択肢の評価が異なれば、最後の判断も変わります。

したがって、八つの長方形をそれぞれ何点にするかは、十人十色で、その結果「最善の判断」もバラバラになるはずです。ですから、他人の価値観に囚われず、あなたの価値観で評価してください。

ここでは、仮に図４－２があなたの評価点だとしましょう。プラスの数値は今よりよい状況を意味します。マイナスの数値は、今より悪い状況です。ちなみに、この例では「手堅い判断」を前提として評価していますから、冒険好きな人には納得いかない評価かもしれません。

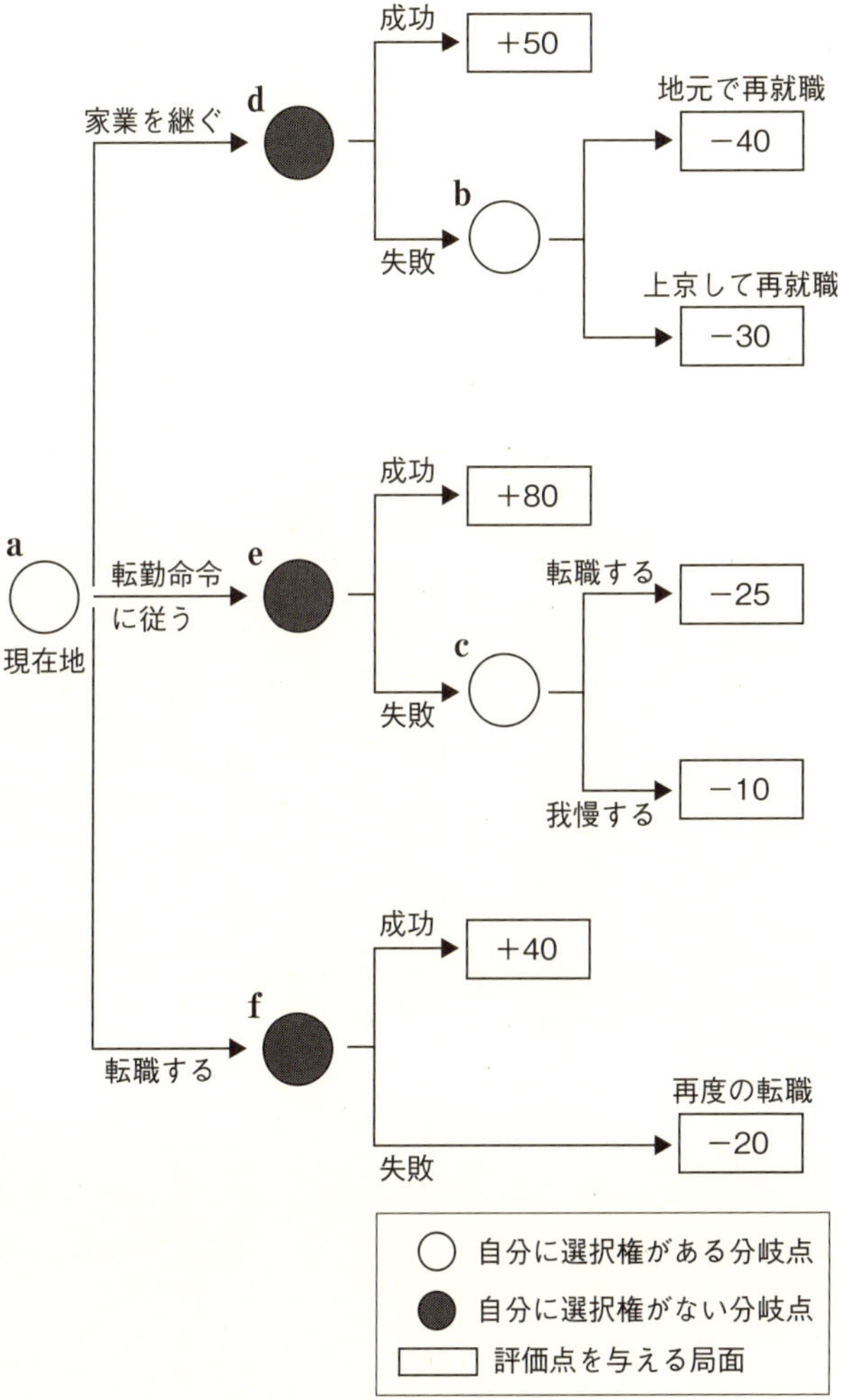
成功
+50
地元で再就職
−40
家業を継ぐ
d
b
失敗
上京して再就職
−30
成功
+80
a
転勤命令
に従う
e
転職する
−25
現在地
c
失敗
−10
我慢する
成功
+40
f
転職する
再度の転職
−20
失敗
自分に選択権がある分岐点
自分に選択権がない分岐点
評価点を与える局面

図4−2

次に白丸ａｂｃと黒丸ｄｅｆの評価点を、次のような原則で決定します。

◆各分岐点の評価点を決める方法
★原則１　自分に選択権のない分岐点（黒丸）では、その先の最低評価点を採用する。
★原則２　自分に選択権のある分岐点（白丸）では、その先の最高評価点を採用する。

これを図４－２に当てはめると、白丸ａｂｃは分岐先の最高評価点を採用。黒丸ｄｅｆは分岐先の最低評価点を採用することになります。

たとえばいちばん上の白丸ｂは、あなたが転勤を拒否して家業を継ぎ、運悪く失敗した状況です。そこからは二つの選択肢があります。評価の原則２により、マイナス四〇点の「地元で再就職」ではなく、マイナス三〇点の「上京して再就職」を選ぶことになります。

したがって白丸ｂ（「家業を継いで失敗した」状況）の評価はマイナス三〇点になります。

一方、家業を継いで成功した場合は、プラス五〇点と評価しています。ということは、いちばん上の黒丸ｄは、評価の原則１に従い最低評価のマイナス三〇点になります。

こうして各分岐点の評価点を右から左方向へ順に転記して決定していったのが図４－３です。

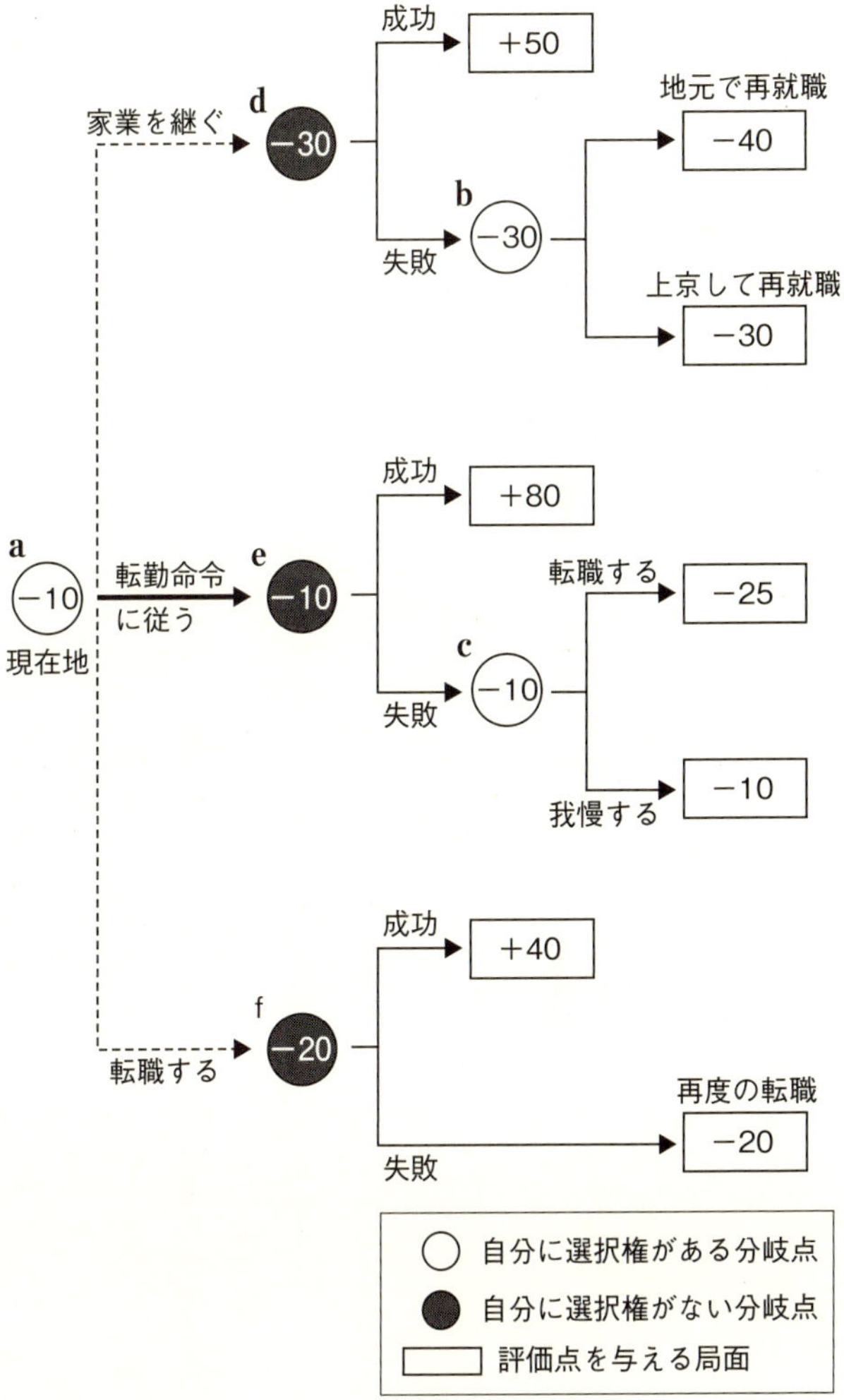
成功
+50
地元で再就職
家業を継ぐ
d
−30
−40
b
−30
失敗
上京して再就職
−30
成功
+80
a
e
転職する
−10
転勤命令に従う
−10
−25
現在地
c
−10
失敗
−10
我慢する
成功
+40
f
−20
転職する
再度の転職
−20
失敗
自分に選択権がある分岐点
自分に選択権がない分岐点
評価点を与える局面

図4−3

すべての分岐点での評価点が決まりました。これが完成した「判断チャート」です。
現在（白丸ａ）からは三本の選択肢が出ています。そのどれを選ぶかは、あなたに選択権があります。第３章88ページで紹介した指針３の「自分に選択権がある分岐点では最善のケースを選べ」を実行してください。もっともマシな結果になりそうなのは、黒丸ｅ（マイナス一〇点）へ進む、すなわち「転勤命令に従う」ことが最善の選択になるはずです。
判断チャートは複雑な問題を単純化してくれます。それによって状況をより明確に理解できる、判断のためのよいツールになります。
もし、この判断チャートで決定されたあなたの「最善の行動」があなたにとって、とても不自然に思える場合は、長方形に最初に記入した評価点を見直しましょう。ひょっとすると、あなたの価値観を正確に反映した評価点になっていないのかもしれません。もう一度、自分の気持ちをよく考えながら、長方形の中の評価点をよりあなたの本心に近い数値に変更してみてください。そうすれば、判断チャートは、きっと、より確かな「最善の行動」を教えてくれるはずです。

付録

正しい判断のためのチェックリスト

何かの判断で悩んでいる場合、是非、本章のチェックリストであなたの判断方針を確認してみてください。判断結果の重要度にかかわらず、ご自分の判断環境を冷静に客観視することに役立つはずです。

ご自分の方針に問題がないかどうか、チェックリストに沿って確認してみてください。「大丈夫です」と回答できる設問の□にチェックを入れていきましょう。

したがって、チェックを入れられなかった項目があなたの問題点です。そうした項目を再検討していくことで、最終判断する前に、まだ取るべき対策が具体的に浮かび上がってくるでしょう。そのような対策を取ることで、よりよい判断に近づけるはずです。

指針1　選択肢は多めに挙げよ！

- □ まったく別の選択肢が他にもないか検討したか？
- □ 関連情報をじゅうぶんに集めたか？
- □ 最初に切り捨ててしまった選択肢を再検討したか？
- □ 他人に助言を求めたか？

指針２　ムダな選択肢は刈り込め！

□　まず直感で多すぎる選択肢を絞り込んだか？
□　次にムダな選択肢をさらに刈り込んでいるか？
□　ベストな判断に拘《こだわ》りすぎて、ベターな判断を逃していないか？

指針３　最悪のケースも忘れるな！

□　その先にある自分にとって都合の悪いケースも検討したか？
□　自分に選択権がない分岐点では最悪のケースを想定しているか？
□　自分に選択権がある分岐点では最善のケースを選んでいるか？

指針４　因果関係を間違えるな！

□　その「結果」を引き起こしているのは、本当にその「原因」か？
□　その「原因」以外に他にも「原因」候補がないか幅広く検討してみたか？
□　思いついた複数個の原因候補を検証等で絞り込めないか？

指針5　何がもっとも緊急かを考えよ！

□　行動を起こす前に全体へ目配りしたか？
□　全体の中で何がいちばん緊急かを考えているか？
□　小さな緊急事態に過剰反応していないか？

指針6　自分の「思い込み」を疑え！

□　自分の判断を過信していないか？
□　現在信じていることは単なる「仮説」ではないか？
□　現在の仮説以外に別の仮説も一つ、二つ持っているか？
□　意識して現在の仮説を否定する情報も探しているか？
□　その仮説を否定する情報を無視していないか？

指針7　情報の信憑性を疑え！

□　その世間常識は過剰に単純化されたものではないか？
□　本来の情報を自分自身で過剰に単純化して解釈していないか？

□ 判断根拠としているその前提条件は本当か？
□ 自分の判断結果もいったんは疑ってみたか？

指針8　メリットとデメリットを天秤にかけよ！

□ すべてをありのまま知らせる選択肢も検討したか？
□ その行動のデメリット面も検討したか？
□ その行動のメリットとデメリットでは、どちらが大きいかを検討したか？

指針9　生命の安全を最優先せよ！

□ 人生でいちばん大切なもの（命と健康）を忘れていないか？
□ 目先のものを過大評価していないか？
□ 命と健康のために、大きな犠牲を払う勇気があるか？

指針10　「交通事故の確率」は無視せよ！

□ リスク線引きのための「境界確率」を設定しているか？

□ 日常生活では交通事故程度のリスクは無視しているか？
□ 「境界確率」を小さくしすぎて過剰な心配性になっていないか？
□ 複数のリスクに迫られている場合、各リスクの「損失予想値」を比較したか？
□ 時間が迫っているのに、いつまでも完璧な判断を求めていないか？

指針11 小さな確率に備えよ！

□ 自分の道を阻む危険の芽はすべてリストアップしたか？
□ 最悪の事態が発生する確率を下げる努力をしているか？
□ 最悪の事態が起こってしまった場合にも備えているか？

指針12 臨機応変に判断せよ！

□ ルールや上司の指示には、例外的な事態が想定されていないことを理解しているか？
□ 例外的な事態なのに、ルールや指示に囚われて的外れな対応をしていないか？
□ 特殊な状況では、原則に囚われずに自分自身で判断しているか？
□ 規則や上司の指示が最終的に目指しているものを考えているか？

指針13　他人の価値観に流されるな！

□ 他人の助言に盲従していないか？
□ 自分の本心なのか、社会の洗脳なのかをよく検討したか？
□ その選択で自分が本当に幸せなのか？
□ 社会常識を疑ってみたか？

指針14　遠い昔の判断ミスを気にするな！

□ 後ろを向いてクヨクヨばかりしていないか？
□ 過去の判断ミスは「災いを転じて福となす」の精神で挽回できないか？
□ 現状を評価する際、「点の評価」に囚われて「線の評価」を忘れていないか？

N.D.C.336.1　177p　18cm

ブルーバックス　B-1773

「判断力《はんだんりょく》」を強《つよ》くする
正しく判断するための14の指針

2012年6月20日　第1刷発行

著者　藤沢晃治《ふじさわこうじ》
発行者　鈴木　哲
発行所　株式会社講談社
〒112-8001　東京都文京区音羽2-12-21
電話　出版部　03-5395-3524
販売部　03-5395-5817
業務部　03-5395-3615
印刷所　(本文印刷)慶昌堂印刷株式会社
(カバー表紙印刷)信毎書籍印刷株式会社
本文データ制作　株式会社さくら工芸社
製本所　株式会社国宝社

定価はカバーに表示してあります。

ISBN978－4－06－257773－1

発刊のことば

科学をあなたのポケットに

二十世紀最大の特色は、それが科学時代であるということです。科学は日に日に進歩を続け、止まるところを知りません。ひと昔前の夢物語もどんどん現実化しており、今やわれわれの生活のすべてが、科学によってゆり動かされているといっても過言ではないでしょう。

そのような背景を考えれば、学者や学生はもちろん、産業人も、セールスマンも、ジャーナリストも、家庭の主婦も、みんなが科学を知らなければ、時代の流れに逆らうことになるでしょう。

ブルーバックス発刊の意義と必然性はそこにあります。このシリーズは、読む人に科学的に物を考える習慣と、科学的に物を見る目を養っていただくことを最大の目標にしています。そのためには、単に原理や法則の解説に終始するのではなくて、政治や経済など、社会科学や人文科学にも関連させて、広い視野から問題を追究していきます。科学はむずかしいという先入観を改める表現と構成、それも類書にないブルーバックスの特色であると信じます。

一九六三年九月　野間省一

ブルーバックス　趣味・実用関係書(I)

35 計画の科学　加藤昭吉
732 速読の科学　佐藤泰正
921 自分がわかる心理テスト　芦原 睦／桂 戴作＝監修
954 「超能力」と「気」の謎に挑む　天外伺朗
955 やる気を生む脳科学　大木幸介
1032 フィールドガイド・アフリカ野生動物　小倉寛太郎
1039 オーディオ常識のウソ・マコト　千葉憲昭
1045 40ヵ国語習得法　新名美次
1083 格闘技「奥義」の科学　吉福康郎
1099 発表の技法　諏訪邦夫
1109 理系のためのサバイバル英語入門　東大サバイバル英語実行委員会
1112 頭を鍛えるディベート入門　松本 茂
1150 音のなんでも小事典　日本音響学会＝編
1175 古代日本の超技術　志村史夫
1223 姿勢のふしぎ　成瀬悟策
1229 超常現象をなぜ信じるのか　菊池 聡
1231 「食べもの情報」ウソ・ホント　髙橋久仁子
1234 子どもにウケる科学手品77　後藤道夫
1239 科学101の未解決問題　ジェームス・トレフィル　美宅成樹＝訳
1240 ワインの科学　清水健一
1245 「分かりやすい表現」の技術　藤沢晃治

1258 男が知りたい女のからだ　河野美香
1273 もっと子どもにウケる科学手品77　後藤道夫
1284 理系志望のための高校生活ガイド　鍵本 聡
1307 理系の女の生き方ガイド　宇野賀津子／坂東昌子
1309 死因事典　東嶋和子
1311 理系のための英語ライティング上達法　倉島保美
1318 科学者は神を信じられるか　J・ポーキングホーン　小野寺一清＝訳
1321 新・薬に賢くなる本　水島 裕
1330 「砂糖は太る」の誤解　高田明和
1335 リラクセーション　成瀬悟策
1338 電気システムとしての人体　久保田博南
1342 Q&A　野菜の全疑問　高橋素子＝著　篠原 温＝監修
1346 図解　ヘリコプター　鈴木英夫
1350 木材なんでも小事典　木質科学研究所 木悠会＝編
1352 確率・統計であばくギャンブルのからくり　谷岡一郎
1353 算数パズル「出しっこ問題」傑作選　仲田紀夫
1364 理系のための英語論文執筆ガイド　原田豊太郎
1366 数学版・これを英語で言えますか？　保江邦夫＝著　E・ネルソン＝監修
1368 論理パズル「出しっこ問題」傑作選　小野田博一
1377 超々難問数理パズル　芦ヶ原伸之
1382 霊はあるか　安斎育郎

ブルーバックス　趣味・実用関係書(II)

1387 「分かりやすい説明」の技術　藤沢晃治
1399 航空管制の科学　園山耕司
1407 入試数学　伝説の良問100　安田　亨
1409 Q&A　食べる魚の全疑問　高橋素子＝著　成瀬宇平＝監修
1413 『ネイチャー』を英語で読みこなす　竹内　薫
1418 「食べもの神話」の落とし穴　髙橋久仁子
1420 理系のための英語便利帳　倉島保美／榎本智子＝著　黒木　博＝絵
1439 味のなんでも小事典　日本味と匂学会＝編
1443 「分かりやすい文章」の技術　藤沢晃治
1444 超ひも理論とはなにか　竹内　薫
1446 カメラ常識のウソ・マコト　千葉憲昭
1448 間違いだらけの英語科学論文　原田豊太郎
1452 流れのふしぎ　石綿良三／根本光正＝著　日本機械学会＝編
1453 大人のための算数練習帳　図形問題編　佐藤恒雄
1471 「日本語から考える英語表現」の技術　柳瀬和明
1478 「分かりやすい話し方」の技術　吉田たかよし
1488 大人もハマる週末面白実験　左巻健男／滝川洋二　こうのにしき＝編著
1493 計算力を強くする　鍵本　聡
1497 統計グラフのウラ・オモテ　上田尚一
1513 猫のなるほど不思議学　岩崎るりは　小山秀一＝監修
1516 競走馬の科学　JRA競走馬総合研究所＝編

1520 図解　鉄道の科学　宮本昌幸
1525 誰が本当の発明者か　志村幸雄
1536 計算力を強くするpart2　鍵本　聡
1547 広中杯　ハイレベル中学数学に挑戦　算数オリンピック委員会＝監修　青木亮二＝解説
1549 大人のための算数練習帳　中学入試編　佐藤恒雄
1558 紙のなんでも小事典　紙の博物館＝編
1560 はじめての数式処理ソフト　CD-ROM付　竹内　薫
1567 音律と音階の科学　小方　厚
1573 手作りラジオ工作入門　西田和明
1574 怖いくらい通じるカタカナ英語の法則　CD-ROM付　池谷裕二
1579 図解　船の科学　池田良穂
1584 理系のための口頭発表術　ロバート・R・H・アンホルト　鈴木　炎／I・S・リー＝訳
1588 てくの生活入門　朝日新聞be編集グループ＝編
1589 見てわかるC言語入門　Windows Vista対応版　CD-ROM付　板谷雄二
1590 続・オーディオ常識のウソ・マコト　千葉憲昭
1596 理系のための人生設計ガイド　坪田一男
1607 花はふしぎ　岩科　司
1611 デジタルカメラ「プロ」が教える写真術　長谷川裕行
1613 科学・考えもしなかった41の素朴な疑問　松森靖夫＝編著
1614 料理のなんでも小事典　日本調理科学会＝編
1615 図解　TGV vs. 新幹線　佐藤芳彦

1621 瞬間解決！　パソコントラブル解消　なんでも小事典　トリプルウイン
1623 「分かりやすい教え方」の技術　藤沢晃治
1625 やりなおし算数道場　花摘香里＝漫画　歌丸優一
1630 伝承農法を活かす家庭菜園の科学　木嶋利男
1632 ビールの科学　サッポロビール価値創造フロンティア研究所＝編　渡　淳二＝監修
1636 理系のための法律入門　井野邊　陽
1641 大人のための新オーディオ鑑賞術　たくきよしみつ
1645 DVD-ROM&図解　ハッブル望遠鏡で見る宇宙の驚異　ビバマンボ／小野夏子　渡部潤一＝監修
1649 図解　新世代鉄道の技術　川辺謙一
1653 理系のための英語「キー構文」46　原田豊太郎
1656 今さら聞けない科学の常識2　朝日新聞科学グループ＝編
1658 ウイスキーの科学　古賀邦正
1660 図解　電車のメカニズム　宮本昌幸＝編著
1665 動かしながら理解するCPUの仕組み　CD-ROM付　加藤ただし
1666 理系のための「即効！」卒業論文術　中田　亨
1667 太陽系シミュレーター　Windows7/Vista対応版　DVD-ROM付　SSSP＝編
1671 理系のための研究生活ガイド　第2版　坪田一男
1679 住宅建築なんでも小事典　大野隆司
1688 武術「奥義」の科学　吉福康郎
1689 図解　旅客機運航のメカニズム　三澤慶洋
1695 ジムに通う前に読む本　桜井静香
1698 スパイスなんでも小事典　日本香辛料研究会＝編
1702 男が知りたい女の「気持ち」　田村秀子
1707 「交渉力」を強くする　藤沢晃治
1708 クジラ・イルカ生態写真図鑑　水口博也
1709 院生・ポスドクのための研究人生サバイバルガイド　菊地俊郎
1714 Wordのイライラ　根こそぎ解消術　長谷川裕行
1717 図解　地下鉄の科学　川辺謙一
1718 小事典　からだの手帖（新装版）　高橋長雄
1725 魚の行動習性を利用する釣り入門　川村軍蔵
1726 仕事がぐんぐん加速するパソコン即効冴えワザ82　トリプルウイン
1732 人はなぜだまされるのか　石川幹人
1733 Excelのイライラ　根こそぎ解消術　長谷川裕行
1734 図解　テレビの仕組み　青木則夫
1736 使い分けるパソコン術　たくきよしみつ
1739 マンガで読む「分かりやすい表現」の技術　銀杏社＝構成　カノウ＝マンガ
1740 マンガで読む　計算力を強くする　銀杏社＝構成　がそんみほ＝マンガ
1744 瞬間操作！　高速キーボード術　リブロワークス
1748 図解　ボーイング787 vs. エアバスA380　青木謙知

ブルーバックス　事典・辞典・図鑑関係書

325 現代数学小事典　寺阪英孝＝編
569 毒物雑学事典　大木幸介
716 マンガ　数学小事典　岡部恒治
1032 フィールドガイド・アフリカ野生動物　小倉寛太郎
1150 音のなんでも小事典　日本音響学会＝編
1188 金属なんでも小事典　増本 健＝監修　ウォーク＝編著
1236 図解　飛行機のメカニズム　柳生 一
1350 木材なんでも小事典　木質科学研究所　木悠会＝編
1409 Q＆A　食べる魚の全疑問　高橋素子＝著　成瀬宇平＝監修
1420 理系のための英語便利帳　倉島保美／榎本智子＝著　黒木 博＝絵
1439 味のなんでも小事典　日本味と匂学会＝編
1520 図解　鉄道の科学　宮本昌幸
1558 紙のなんでも小事典　紙の博物館＝編
1562 パソコンで見る動く分子事典 Windows Vista対応版 DVD-ROM付　本間善夫／川端 潤
1579 図解　船の科学　池田良穂
1593 海のなんでも小事典　道田 豊／加藤 茂　小田巻実／八島邦夫
1614 料理のなんでも小事典　日本調理科学会＝編
1615 図解　TGV vs. 新幹線　佐藤芳彦
1624 コンクリートなんでも小事典　土木学会関西支部＝編　井上晋 他＝著
1627 元素111の新知識　第2版　桜井 弘＝編
1642 新・物理学事典　大槻義彦／大場一郎＝編
1649 図解　新世代鉄道の技術　川辺謙一
1660 図解　電車のメカニズム　宮本昌幸＝編著
1676 図解　橋の科学　土木学会関西支部＝編　田中輝彦／渡邊英一他＝著
1683 図解　超高層ビルのしくみ　鹿島＝編
1689 図解　旅客機運航のメカニズム　三澤慶洋
1698 スパイスなんでも小事典　日本香辛料研究会＝編
1708 クジラ・イルカ生態写真図鑑　水口博也
1712 図解　感覚器の進化　岩堀修明
1717 図解　地下鉄の科学　川辺謙一
1718 小事典　からだの手帖（新装版）　高橋長雄
1721 図解　気象学入門　古川武彦／大木勇人
1734 図解　テレビの仕組み　青木則夫
1748 図解　ボーイング787 vs. エアバスA380　青木謙知
1751 低温「ふしぎ現象」小事典　低温工学・超電導学会＝編

ブルーバックス 12cm CD-ROM付

BC01 太陽系シミュレーター　SSSP＝編
BC08 試してナットク！　錯視図典　馬場雄二／田中康博